大塚明夫の声優塾

大塚明夫

星海社

83

SEIKAISHA SHINSHO

はじめに

２０１５年9月末、星海社のＷｅｂサイト「ジセダイ」上に、こんな告知が出ました。

来月徳島で開催されるイベント「マチ★アソビ」に、大塚明夫さんがいらっしゃいます！
そして、ここでしか聴けない、もしかしたら二度と聴けない、特別講義を実施して頂きます。参加条件は「本気で声優になりたい人」。これさえ満たせば、年齢性別は問いません。ただし、「本気の人」を選別するため、宿題を出します。また、授業料5〇〇〇円を頂きます。

当日は、みなさんにご提出頂いた宿題を題材に、大塚さんご本人から、具体的な「生存戦略」を御指南頂きます。手加減は一切ありませんのでともすれば「やめたほうがいい」と言われることもあるでしょう。その覚悟がある方だけ、お越しください。今回ばかりは、半端な方のご参加はご遠慮頂きたいと思っております。

【宿　題】

1 大塚明夫著、星海社新書『声優魂』の熟読

2 申し込み者のみに発送される「とある原稿（4〇〇〇字程度）」を熟読のうえ、登場人物の心情・人物像を想定し、その理由を含め作文

3 申し込み者自身が上記「とある原稿」のキャラクターを演じた（男性は男性キャラを。女性は女性キャラを）、音声ファイルの作成

定員は20人。

その席は、告知開始から24時間を持たずに埋まりました。

一夜限り、本気の人たちだけを集めた「大塚明夫の声優塾」。

唯一無二の声優、大塚明夫本人が、全国から集まった16人の生徒と対峙したその貴重な記録を、一冊に凝縮したのが本書です。


本書は、さまざまな読み方が可能です。

声優を志す方はもちろん、俳優、ミュージシャン、アーティストなど、芸の道を志すすべての人にとって、本書は実践的な演技・役者論の本として読んでいただくことができます。アニメファンの方が読めば、声優の演技や演出の意図について理解が進み、作品をより深く洞察(どうさつ)することができるようになるでしょう。

大志を抱くも往く道に悩む、ビジネスマンにもおすすめします。正しい目標の立て方、また、そこへと近づく戦略的手法について、声優業界の事例をもとに考えることができます。

なお、生徒の方々に特別に許可をいただき、提出された音源をそのまま聞けるよう、本文中にQRコードを配置させていただきました。スマートフォンで音源を聞きながらお読みいただけると、より忠実に、授業を体験していただくことができます。

さあ、そろそろ、授業がはじまる時間です。

どうぞ、授業を受けている生徒のひとりになったつもりで、ページをすすめてください。

「大塚明夫の声優塾」、スタートです。

目次

二限目 芝居の基本はセリフにあり 87

三限目 上手な素人から抜け出せない声優の卵たちへ 125

一限目

声優にとっての本気・技術・感性

他の「山」全てを捨てる覚悟があるか

どの街にもあるような、ありふれた会議室の一室だ。そっけない長机とパイプ椅子。15人の若者が、緊張と期待の面持ちでそこに着席している。大学の、定員の少ない講義のような光景。生徒たちの見つめる先には、壁を背に座る二人の男がいる。声優・大塚明夫と、彼が所属する声優事務所マウスプロモーションの社長、納谷僚介。少し離れた場所に、星海社の編集者が控える。これから始まるのは、彼らによる「本気」の授業。声優としての生存戦略を説く、一日限りの「声優塾」である。

大塚　こんにちは。声優の大塚明夫です。お集まりいただきありがとうございます。今日ここに来てくれた君たちはきっと、私に当たり障りのないコメントなんて望んでいない、本気の人たちでしょう。だから今日は、私の方も君たちを自分の本当の後輩だと考えて、心からものを言うつもりです。傷ついたらごめんね。

納谷　どうも。声優事務所、マウスプロモーション社長の納谷僚介です。今日は、本気で声優を目指す人を対象に、声優として生きていくための心構えや技術面についてお話ししていきます。よろしくお願いします。

生徒　よろしくお願いします！

納谷　と、その前に、ひとつはっきりさせておきたいことがあるんですよ。大塚さん、「本気」ってどういうことだと思います？

大塚　前著の『声優魂』にも書いたけど、演じる道を選ぶというのは、「生き方を決める」ことなんです。どういうきっかけで役者をやってみたいと思ったか、声優になりたいと思ったのかは関係ない。この道に「本気」で一歩でも踏み込んでしまったら、残る人生の選択肢は激減します。ここについては、私はきっぱり断言することができる。そのことを真の意味で許容しているのか、その道を歩む覚悟はあるのかという話です。

しかし、今日ここに来ている人たちは、そのあたりは多少わかっているんじゃないかな。

全員、『声優魂』を課題本として読んできているんだから。

そう、今回の声優塾の課題のひとつめは、「大塚明夫著、星海社新書『声優魂』の熟読」であった。しかし――。

納谷 今回の塾は、20人限定で募集をかけました。告知した途端、あっという間に満員御礼になった。でも実際に今ここにいるのは15人なんですよね。5人も辞退者がいたわけです。その理由をメールで送ってくれた人がいて、そこには「『声優魂』を読み返して、自分が本気でないことに気づいた」なんてことが書かれていたんです。応募まではしたのに、そこから引き返しちゃった。

大塚 それはそれは（笑）。よかったんじゃない？　事前に気づいて。

納谷 そうですね。でもちょっと悲しい気分になりましてね。だから今、ここに来てくれた人については、それだけで既に1回褒めてもいいと思っているんですけど。

ないかもしれない。

大塚　何かに挑戦すること自体を、「本気」という言葉を理由にやめてしまうのはもったい

たとえば声優の専門学校もそうです。今日来ている人たちの中にも、声優の学校に通っている人はたくさんいるでしょう。時々誤解されているみたいなんだけど、私は『声優魂』の中で「声優学校に入るのはよくない」って言ったつもりはないんだよ。なぜならば、しょせんは学校だから。通うのなら、楽しんで通えばいい。学校に入ると、同じような年代に生まれた人たちが同期生になる場所が急に生まれる。志を持った人間同士がめぐり合う機会としては素敵だよね。だからそれをやめなさいとは言いません。青春の楽しい思い出にもなるでしょう。ただ私としては、その先のこととか、親御さんの負担が気になるわけでさ。

年齢的に言うと、私は君たちの親御さんと同じ世代なんです。声優学校の学費ぶんのお金を稼ぐというのがどういうことか、私にはよーくわかる。君たちにはまだわからないと思うけど、それって大変なことなんですよ。一度でいいから、親御さんの気持ちになってみてほしいね（笑）。

もちろん一方で、「息子や娘がやりたいと言うんだから、やらせてやりたい」という親心もわからないわけではなくてね。子どものために一生懸命頑張ってなんとかお金をひねり出して……。そういうのは、やっぱり親の性でもある。そこを含めてまず、今声優学校に通っている人は親御さんに感謝した方がいいよ。

そして、やっぱり入った後のことも、考えられる範囲で考えるべきではあるんです。親御さんにそれだけの切ない思いをさせてしまった上で声優学校に入学して、「やっぱり俺には向いてないんじゃないか」「私には無理かも」って悩んでいるときにふっと彼氏や彼女ができて、それで「自分にはこの人がいるからもういいや」ってやめてしまう人が学校にはいくらでもいる。あるいは、そんなふうに仲間同士でひっついた後に、結局は別れてしまって「俺の恋も終わってしまったし、声優の道も諦めよう」なんて思うこともあるでしょう。学校ってのはそういう場所でもある。

そこで踏ん張って、どうやって人生を生きていこうかと苦悩して、その結果「私にはこれしかない」と思いきったそのとき、「本気」の本当の第一歩を踏み出すのかもしれないね。そこからの話を、今日私はしたいと思っている。そうでないところについて語るのは、学校の人たちに任せるよ。

納谷　今って、「本気」であるということがすごく稀有な時代だと思うんです。なかなか本気な人に出会えない時代というか。正直な話、みなさんが本当に本気なのか、今の時点では僕たちも超能力者ではないのでわかりません。でも、今日だけはそのつもりでしゃべろうと思ってます。なので、さっきも大塚さんが言いましたけど、僕たちはこれから厳しいこと、辛辣なこと、酷いことをみなさんに言うかもしれない。いや、言います。でも、それはみなさんを傷つけたいからではありません。それが僕たちなりの、みなさんの「本気」に対する答えなんです。それはご理解ください。

「お前たちが『本気』であることを前提としてしゃべる」――二人のその前置きに、15名の生徒の背が心なしか伸びた。

納谷　それでは、具体的な話をしていきましょうか。
ここに集まったみなさんは、声優さんや役者さんになりたい人ですね。声優さんや役者さんになって「売れたい」、「生き残りたい」という願望を果たすためには、当たり前の話ですが仕事のある状態にならないといけません。

声優さんを職業にしている人は、いっぱいいます。今の声優業界ですと、2500という人もいるし、3000という人もいるし、10000という人もいる。要はどのレベルからその人を声優だと認めるかという話なので、数字をとやかく言うことには意味がないんですが、とにかく大勢なんです。

ただし、その世間にいっぱいいる声優さんの中にはひとつだけ明確な区別があります。わかりやすく言ってしまうと「売れている人」と「売れていない人」。みなさんは「売れている人」になりたいですよね。大塚さん、そもそも、「売れている人」ってどんな人だと思いますか？

大塚　要は出演オファーが多いってことだよね。オファーが多いってことが報酬に直結するんだから。

ただ人によっては、例えば一本だけでもいいからヒットゲームの主人公になって、イベントにたくさん出て、人気者になって……というのも「売れている人」には違いないと考えると思う。だから何をもって「売れている人」とするか、その基準を明確にするのは非常に難しい。私のように一度もアイドル的存在になったことがないままに、いつの間にかここまで生き延びてきているというケースもあるわけで。そうかと思えば、かつては一世を風靡したけども、今は……という声優もいる。

私も、一世を風靡した人も、どちらも「売れた」と言おうと思えば言える。数字的にどっちのほうが売れたのかと言ったら、後者のほうが刹那的ではあっても売れたのかもしれない。

あるいは、その人はもう業界にはいなくて、私は未だに細々と飯を食っているという意味で、「大塚のほうが長く売れている」と言うこともできるかもしれない。そこにどんな差を感じるかは、その人しだいだと私は思う。

だから一つ言えるのは、売れ方としてみなさんが何をどう望むかということは、できるだけ早いうちに自分ではっきり把握しておけということです。そうでないと、人生において無駄な戦いを延々と続けることになる。そこについては、ぜひ自問自答してほしい。

生徒たち　はい！

生徒たち全員が、目を輝かせて声をあげる。彼らのほとんどが、自分こそは本気であり、覚悟ができていると思っている。しかし、その「本気」が問われるのはもっと先のことである。

業界ナンバーワンの声優って誰？

納谷　「売れている人」「売れていない人」の違いがある、というお話をしましたが、一方でこの業界って、「いちばん」は決まってないんですよね。

僕はよく、うちの事務所の若い子に「ナンバーワンの声優って誰だと思う？」って聞くんですよ。そうすると、色んな答えが返ってきます。

山寺宏一（やまでらこういち）、よく出ます。大塚明夫、よく出ます。人によっては、沢城（さわしろ）みゆきって人もいます。水樹奈々（みずきなな）って人もいます。大木民夫（おおきたみお）というのも聞いたことあります。「じゃあ本当のいちばんは誰なんですか？」っていうのがみなさんは気になるかもしれないけど、それってナンセンスな質問で、ぜんぶ正解だと思うんですよ。その人にとって1番であるならば。

つまり、まずは声優として「どこ」を目指すのかっていうのがとても大事なんです。そこが決まれば、逆算して戦略を立てることができます。

ツリー構造ってわかりますかね？　ひとつの地点からスタートして、どんどん枝分かれしていく構造。雑誌の心理テスト記事なんかにもありますよね。ひとつの質問にイエス・ノーで答えて、どんどん分岐していって、最後に「あなたはAタイプです！」とか出るやつ。

声優さんの世界っていうのも、実はちょっとこういう構造に近いものがあるんです。行き先がいっぱい、木の枝のように広がっている。出発点はみんな一緒です。「質問1　あなたは声優になりたいですか？」、イエス！　そして次に進むと「質問2　声優学校に行きますか？」。うーん、それよりは直接録音データを声優事務所に持ち込んだ方がいいんじゃゃね、ということでノー……とまあこんな感じで進んでいくわけです。

途中までは、それぞれのルートを行き来できる。でも先に進んでいくと、それができなくなるんです。タイプAのルートに入ったら、その一群の中の到達点を目指さなきゃいけない。いきなりタイプBという結果には飛べないんです。ある程度から先は、なんといいますかね、たとえて言うなら山登りかな。同時に二つの山は登れないでしょう。

大塚　一言で声優といってもいろんなタイプがいるからね。可愛らしさを活かしてアイドルのように活動する子もいれば、洋画をホームにする人間もいる。ある程度「売れている」領域までたどり着いたら、それぞれの山を登らなければいけない。

納谷　そうなんです。「芝居ができる人」っていう山だったり、「ナレーションができる人」っていう山だったり、実はいろんな山があるんですよ。大塚さんの言葉を借りれば、「細々とでも長く活躍できる」というのもある種の山だし。そしてその山は、たとえば「武道館をいっぱいにするようなメジャー級の人気を得る」という山と一緒に登ることはできないんです。それなりにオファーが来る、職業声優として通用するぞ、という段階までたどる道はみんな一緒なんだけど、途中からどうしたって「この路線でいく」というところは考えなきゃいけなくなる。

今回の塾の開催にあたり、僕は「本気」って言葉についてすごく考えました。そして、人が「本気」を問われるタイミングとして、この分岐地点はとても大きいと思うんです。本気って、簡単に言うと何かを捨てることなんですよ。

例えば「アイドル的に売れたい」「武道館をいっぱいにしたい」という目標を叶えるのであれば、二度とはこない、人生の貴重な若い時間を猛烈に割かないといけません。普通の高校生活をエンジョイしながら、そのレベルの人気を得ようったって絶対無理です。それだけじゃありません。たとえその目標を達成したとしても、アイドル系声優というのは、演技の評価という意味では実力より軽く見られる可能性も高いわけです。そう考えると、「アイドル的に売れる」というのは、中年になっても長く活躍する道を閉ざす損な選択なのかもしれない。それでも、その道を進むことができるのか。

はっきり言いますね。声優という道、役者という道を選ぶということ自体が、イコール、楽しい人生とか人並みの生き方というものを捨てなければいけないということなんです。

大塚 歌手の美空ひばりさんはね、離婚したときに「スターが幸せになれるわけないじゃない」と言ったらしい。そのエピソードを聞いたとき、彼女はやっぱりすごい人なんだなと思いました。彼女が言いたかったのはたぶん、いろんなものを犠牲にしないと、スターと呼ばれるようなレベルまでは到底たどり着けないということだと思うんです。大事なものを捨てなければたどり着けない境地は、私もやはりあると思うよ。

君は「ド」の音が瞬時に出せるか

大塚　売れる売れないっていうのは、はっきり言って「運」です。これはみなさん、『声優魂』を読んでくれているから、わかってるよね。

生徒たち　はい。

大塚　正直言って、下手でも売れている人はいます。ただそういう人は、下手でも何か持っている。売れる要素をね。

例えばビジュアルがかわいいとか、かっこいいとか。イベントに行けば必ずみんなを盛り上げることができる、天性のエンターテイナーだとか。そういう有形無形の武器も含めて、トータルで力があれば、声優としての技術がそんなになくても売れることは可能なんです。

そして今、勘のいい人は気付いたかもしれないけど、売れている人が持っている「何か」

は、努力しても手に入らないものが多いんだよね。例えば「顔」なんかは、その典型。私なんかは今でこそ「渋い」と言っていただくことがあるけれど、見ての通りイケメンにはほど遠い。これはもう、どうしようもない。可哀想だけど。でも、技術なら磨くことができる。技術は唯一、伸ばすことができる「売れる要素」なんです。

納谷　声優にとっての確かな「技術」って何ですかね？

大塚　簡単だよ。〝ド〟の音を出そうと思ったときに、正確にドの音が出せるかどうか、それだけ。自分のイメージを、そのイメージ通りに音にできる。この、音にできる力というのが「技術」です。自分で「こういうふうにやりたい」と思ったことができないなら、それはすなわち技術がないということ。この音づくりが苦もなくできるようになってようやく、見せ方というものに考えが及ぶようになるんです。

我々声優、役者は、ある意味ではスタジオミュージシャンと呼ばれる人たちに似ています。レコーディングという目的のもと、その日集まったメンバーで、当日もらった譜面を即座に読み込み、プロの技術に裏打ちされた音を出す。簡単な例だと、こうです。

〈録音前日〉

「あの人はうまいから、あの人にギターを頼もう」

「はいわかりました」

〈録音当日〉

「これが譜面です」

「はいわかりました」

我々の仕事もこれと同じ。基本的には淡々としている。収録が終わったら、「ありがとうございました」とギャラをもらって解散するだけ。この繰り返しというのは、やっぱり技術がないとできない。

ディレクターから「そこでその音を使うと見せ方が変わっちゃうので、ちょっと違う音にしてください」と言われたときに、コードを意図的に変えていくことができなければ、技術があるとは言えないよね。かつ、スタジオミュージシャンだから、気の合う仲間と情熱を持ってバンドを組んで仲良くやってバーンと売れる、なんてこともないんです。

確かに、昨今の声優の世界では、アイドル性も要求されるようになってきました。昔とだいぶ様相が変わってきたのは事実です。でも基本の部分は変わっていません。声優の世界の基本は技術。そして技術というのは、繰り返しになるけど、「思った音を出せる」ということに他ならない。

例えば先日私がやったのは、プレイステーション4の新作ゲームタイトルを一気に紹介するCMの仕事でした。これは技術でやった仕事です。芝居ではない。ゲームの雰囲気に応じて音色を変え、喋り方を変え、空気から変える。私にはそれができる。しかしこれは、ただの技術です。私の魂から絞り出した言葉ではない。相手役もいないし、シチュエーションもないし、ただいろんな音を出したっていうだけの話。しかし技術があると、こういう仕事が確実に来ます。

そういう意味でも、プロとして生き残るためには、技術を身につけたほうがいいに決まっています。

それを持たずして、時には鍛える暇もないぐらいの勢いでアイドルになったりすることもももちろんある。でもね、そうすると、その後業界という戦場で生き残っていくのが大変難しいことになる。だから技術はあったほうがいいと私は思う。
声優としての技術を駆使するためには、その人独自のソフトが必要になってきます。一瞬先の未来を察知する能力、相手の情報をキャッチする能力。相手の芝居がどんな芝居なのか、相手がどこにいるのか。怒っているのか喜んでいるのか、悲しんでいるのか。そういうものを汲み取る力。これがあって初めて技術が生きてくるんです。
今回、君たちには事前に課題を渡しました。わかっていると思うけど、この課題は、君たちのその技術力を把握するために出したものです。

大塚明夫の声優塾、第二の受講資格は、「申し込み者のみに発送される『とある原稿（4000字程度）』を熟読のうえ、登場人物の心情・人物像を想定し、その理由を含め作文。同原稿の一部を読み上げた音源と一緒に事務局宛に送付する」というものであった。

大塚　ひとりひとりから提出された作文が、今私の手元にあります。ざっと拝見したところ、みんなそれぞれの役に対して、それなりの分析をしてくれています。けっこう核心を突いているものもある。唯一の「正解」なんてないけれど、でも大体こうだよね、こういうことだよね、っていうところを君たちはちゃんと理解していると感じました。

でも、じゃあ実際の演技はどうか。実際にみなさんに吹き込んでもらった声を聞いてみると、「ん?」となる。なぜか。イメージした通りの音が、出せていないからです。技術が追いついていない。これは非常にもったいないことであるとも言えます。

もちろん、今回の課題で私たちが見ようとしているのは「技術」だけではない。この課題の軸は「芝居」です。さっき私が言った、プレイステーション4のCMは「技術」の仕事。技術があれば芝居ができるのかというとそれは違う。セリフを言うっていうのは、原稿を読むのとは全く違います。まず、自分から発信しなければならない、そして人が発信したものをキャッチできなければならない。それがあって初めて「掛け合い」になるし、初めて「芝居」になるんです。のっけから難しいことを言って恐縮だけど、今日は本気で行くと決めているからね。

注文に応え続け、注文に飽きる役者の業

納谷 いやはや、本当に難しいこと言ってますよ。大塚さん、今日の塾、ホントに本気で

すね。

大塚　うん。最初にそう言ったじゃない。

納谷　「このレベルの話をするのか……!」と思いました。どういうことかと言うとね、僕たちマネージャーや音響監督からすると、「注文通り」ができる役者というのはものすごく貴重なんです。台本に書かれた文章を正しく読み取って、このキャラクターにどんな味付けが必要か、他でもない自分が呼ばれたということはどんな演技が求められているのか、が瞬時にわかる人。

大塚　最大公約数をサッと読める人ですね。

納谷　そうです。僕は作品の制作サイドに関わることもありますが、どちらかというと事務所側の人間なので、そういう能力がある人をまずは「使える」人、「上手い」人として評価します。今はまだ全く売れていない子、誰も知らない子っていうレベルの人を鍛えて「知っている人は知っている」というレベルにまで持ち上げるのが、マネージャー、そして音響監督としての僕の最初の仕事です。

大塚　仕事でもあり、楽しみでもある。

納谷　もはや趣味でもあるかもしれません（笑）。でね、「まだこれからだ」という人を鍛えんとするときに、そういった「他者からの注文、情報発信を的確にキャッチする力」があると大助かりなんです。そういう人は、「現場でとりあえず使ってもらえる」レベルまで引き上げやすい。

逆にその力がない人というのは、「このシチュエーションだったらどう考えたって笑うだろう」っていうところで、平気で泣くんです。極端に言うと。だから役者を志す人ならば、まずはその「人が発信したものをキャッチする力」を、ある程度発揮できるようにしないといけません。それを願って、この課題を出しました。

大塚　ただ、ここにもまたひとつ難しいポイントがあってね。最大公約数を見破って注文に的確に返すという、そのレベルだけでずっと仕事をしていると、いつかは飽きてしまう。嫌になってしまうんです。仕事が「ただこなすだけのもの」になって、つまらなくなっていくわけ。

私を含め、芝居の世界で何十年も生き残っている人は、実はその先で勝負をしているんです。それが大変過ぎて嫌だという人はどこかで逃げたり、別の道に転身したりする。でも、できれば君たちにはそういう大変な勝負をし続けてほしい。そうしたら絶対に飽きることはない。なぜなら、ゴールがないことそのものを楽しめるから。でも人間って、飽きたらすぐにでも嫌になっちゃうからね。

納谷 うーん、その段階の話をしちゃいますか。

大塚 もちろんするよ。フフフ。

納谷 だったら僕も踏み込みましょう。あのですね、さっき僕の言った、「他者の注文を的確にキャッチできる人」というのは、大塚さんレベルの世界では全然「上手い」方に入りません。まったくその域には達さないです。もっともっと手前の段階での話ですから。

大塚さんのおっしゃった通り、僕の言った「上手い」レベルまで到達した人は、そのままでいるとやがて飽きて、仕事をつまらないと思い始めます。「これが最大公約数で正解でしょ」という気持ちで演じるってことは、そこに自分の意図だったり考えだったり、いろんな「自分はこうしたい」という創造的な気持ちが含まれなくなるということですから。それは「正解を提案する行為」ではあるけど、つまらないのは当然だし、つまらないってことはどこか間違ってもいるんですよね。僕は声優全員がそんなに機械的に演じているとは思いませんけど、上手くなればどうしても、ある程度の演技は「作業」になっていくものなんです。上手いがゆえに、手癖で仕事できるようになってしまう。でもそうすると、他人はおろか、自分ですら感動しない演技になる恐れがあります。

だから実は、一線級の声優でも、別の角度から見たときには下手、ということもあるんです。僕から見たら「上手くなってきたなあ」と思える子が、大塚さんから見ると「あいつ、つまんなくなったな」となることはいくらでもあるし、それは矛盾していないんです。見るフェーズの違いによるものなので。

じゃあ、今ここにいるみなさんがまずどこを目指すのかという話になると、これが難しいんですよ。大塚さんの言っていることはストイックですごいし、正しいんだけど、役者を使う側から言わせれば、「お前の主張はこうかもしれないけど、音響監督さんが要求してるのはこうでしょ」と、どうしても言いたくなる。

そのとき、「いや、それだと自分、物足りないです」なんて言われると、役者を使う側とすればすごくめんどくさい（笑）。大塚さんのレベルを目指すのは本当に難しいことなんです。

大塚 それは、さらに上を行って見せないとってことなんだよ。相手の示したルートに、ある意味従わずに進むからには、より遠くに行って見せないと筋が通らない。そこに常に挑み続けることが醍醐味なわけです。

今日は、みなさんにそれを押しつけることはしません。ただ、そういう世界があることは知っておいてほしい。その上で、それでもやっぱり、技術から身につけていこうという話になるわけなので。まあ、私の話を聞いたからといって、それだけで技術がつくわけじゃないですがね。

生徒たち　（笑い）

読書を繰り返して「キャッチする力」を養え

納　谷　ちょうど課題の話が出たので、台本の読み方の話もしましょうか。まず、今回の課題はこのようなものでしたね。

①課題文を読み、それぞれのキャラクターをイメージしてどんな人間か記述してください

②課題分のセリフ部分を音読してください

①については、さっき大塚さんもおっしゃっていましたが、みなさんそんなに悪くなかったですよ。いくつか、見てみましょう。

課題文

待ち合わせ場所は新宿。

新宿や渋谷の人混みは常々苦手で仕方なかったが、今日ばかりはそれどころではなかった。緊張で押しつぶされそうだったからだ。すでに心許せる友人たちに会うというのに、この緊張は何なのか。

いつもビデオチャットの会話に集まる四人で会うことが決まったあとも、頻繁にビデオチャットで会話を交わしたり、メールのやり取りを重ねていた。にもかかわらず、なぜだか初めて顔を合わせるような気持ちになってしまう。

地下深い都営新宿線のホームに降り立った俺は、人波に交じってエスカレーターに乗った。待ち合わせ時間の間際だったこともあるが、緊張を紛らわせようとエスカレーターを駆け上がる。そして俺は西口方面へと足を進めた。

涼香(すずか)が落ち合う場所として選んだのは新宿西口交番だった。人でごった返す駅構内を抜けて改札外に出ると、ほぼ目の前が交番だ。その場所では、すでに涼香と隼(しゅん)が待っていた。

涼香は俺に視線を向け、片手を挙げて微笑む。

「オス！　時間ちょうどだね」

「ぼくも今さっき、一分前に着いたところなんだ」

隼は軽い調子でそう言った。隼は、地味なチェックシャツにジーパン姿だ。周囲に埋没しようとする意志すら感じられる特徴のなさだった。

涼香は不満げに口にする。

「私は一五分も前に着いてたのに〜。みんな遅いよ」

「よう……。なんていうか、やっぱりちょっと恥ずかしいものだな」

俺は二人の前に立つと、素直な気持ちを吐露した。

実物の涼香は、モニタを通して見るよりも綺麗な子だった。細身の身体には、ワンピース姿が眩しいくらいによく似合う。

涼香は不思議そうに首をかしげる。


「なんで？　別に普通じゃん！　もう何度も顔を合わせてるんだし」

「ぼくや大樹(だいき)は違うんだよ。涼香みたいなタイプじゃないんだよ」


隼も俺に同意した。

「すぐに慣れるってば、引き籠もり君たち！　こうして直接会って話すのは、ビデオチャットよりも絶対にいいよ」

そう言って涼香は、まじまじと俺の首のあたりを見やってくる。

「そのペンシル形のペンダント、やっぱりいつも身に着けてるんだね。実物の大樹って、画面を通すよりもさらにチャラチャラしてる感じ。ペンシルのなかに何か入れてるのかな？」

「ああ、これか？」

俺が首から下げているのは、ペンシル形ケースが付いたチタン製のペンダントだ。細身でシンプル、模様があるペンシルでもなく、目立つようなものではないと自分では思っていた。だが指摘されてみれば、引き籠もりが飾り物を身に着けているケースはかなり珍しいかもしれない。

「部屋にいるときも、いつもしてるでしょう。なんでかなーと思ってたんだけど。大事なもの？」

「そんなんじゃない。なんとなく着けてるだけだよ。それより涼香、住まいは見つかったのか？」

俺が話を切り替えると、涼香はうなずく。

「今日の午前中、契約を済ませてきたところだよ。曙橋駅から七分くらい」

「あの辺、何もないよね」

隼が考える風にして言った。

「家賃が結構安かったんだよね。東京の真ん中なのに穴場だと思う。鍵ももらってきたし、今日から住んじゃうよ。買い物も済ませちゃわないと」

「じゃあ俺たちと会ってる場合じゃないだろう。色々準備があるはずだ」


俺の言葉に涼香は肩をすくめる。

「大して必要なものなんてないよ。でも電気とガスが入るのは明後日なんだ。それまでは不便するかも」

「昨日まではどこに住んでたんだ？」

「実家。小田原なんだよね～」

「小田原から都内まで物件探しに通ってたのか？」


そして俺たちは顔を合わせてすぐに、普段のビデオチャット通りの会話に入っていった。

最初の緊張さえ乗り越えれば、打ち解けるのはあっという間だった。


それから俺たちはその場所で、一〇分ほど何気ない会話を交わしていた。

ふと涼香が、改札へと視線を向けながらポツリと口にする。

「小春（こはる）、来ないね」

「何やってるんだ、アイツは」


俺たちはキョロキョロと辺りを見やったが、それらしい女の子は見当たらなかった。

「電話してみようか」

涼香はスマホを取り出し、画面をタッチして耳に押し当てた。


俺と隼を交互に見やった涼香は、心配げに言う。

「出ないよ。どうしたんだろー」

「電車の遅れでもあったのかな？」

「メール送ってみるか」


俺はそう応じ、スマホから『もうみんな待ってるぞ。新宿に来てるのか？』とショートメッセージを打ち込み、送信した。

しばらく待ったが、何の応答もない。

さすがに俺たちは心配し始めていた。何らかの事故にでも巻き込まれたのではないだろうか。あるいは駅の構内で変な男にでもナンパされ、付きまとわれているのではないか。

対人能力に問題がある小春だけに、不安な気持ちが頭をよぎる。

そのとき、隼が呆然と南口方面を指差す。

「あれ、小春じゃない？」

隼の指の先、ここから一〇〇メートルほど離れた辺りに、デパートの出入り口がある。そこに半身を隠すようにしながら、こちらを覗くように見やっている少女の姿が目に入った。間違いない、あれは小春だ。

俺たち三人が目を向けると、小春の表情が引きつったようだった。顔が半分以上も隠れているからハッキリとはわからないが、恐怖している様子だ。

「小春じゃん。いたんだ。行こ」

涼香を先頭に、俺たちは小春のほうへと足を向けた。

俺たちが歩み寄っても小春は逃げ出すようなことはしなかったが、身体が凝固して、出入り口の壁ぎわに縋り付いているようだった。

小春はゴスロリっぽい格好だ。コスプレをしているといっても驚かないだろう。たしかにモニタを介して見ていた自室に籠もっている小春は、メイド服っぽいロリータ風味の衣装を身につけていたが、室内のことなので大して気にならなかった。だが新宿だと、やや目立つのは避けられない。秋葉原あたりなら自然に溶け込んでいたのかもしれないが。

目の前に立った俺たちの姿に、小春は目を見開いて固まっていた。小動物のように怯きった小春の表情。

涼香が覗くように声を掛ける。

「オス！　こんなところで何やってたのー？」

「……」

小春は何か言おうとしたようだったが、両手を胸のあたりに置き、その手を震わせた。

よほど張り詰めているようだった。


緊張をほぐそうと俺が軽く言う。

「よう、そんなにビクビクするなって。俺も最初は緊張したけど、すぐ慣れたぞ」

「心配ないよ。いつも通りでいいからね」

隼も優しく声を掛けた。

なぜか息を呑んだ小春は、小さく声を震わせる。

「あ、あの……ははっ、は、初め、まして……」

なんだか微笑ましくて、俺は思わず吹き出してしまった。モニタを介して、したり顔で
ボソッと語る小春のことしか知らなかったからだ。

すぐさま小春は憤る。

「なっ、何がおかしいんですか!?」

「いやだって、色々と」

「大樹は人としてのマナーが欠如していますね。知ってましたが。女の子を笑うのは犯罪だと思います」

キッと俺を睨み付けてきた小春は、よほど悔しそうだった。だがいつも通りの態度にすぐ戻ってくれたのはいいことだ。


「ゴメンゴメン、悪かった」

「そんなだから引き籠もりなんですよ」

「引き籠もりなのは一緒だろう。どちらかと言えば小春のほうが……」

「まぁまぁ二人とも。今日は同類同士の初顔合わせというわけだね。いつも通りでいこうよ」

隼が間に入ってきて、俺たちをなだめてきた。

「気軽に声掛けてくれればよかったのに。いつから新宿にいたの?」

涼香の問い掛けに、小春がおずおずと口にする。

「普段電車に乗らないですし、川越からだと時間が読めなかったので、二時間前には着いていました。でも人混みがとにかく息苦しくて……デパートのトイレにずっと籠もってて……」

新宿に来てもトイレに閉じ籠もってしまうのは、やはり俺や隼よりも、小春の引き籠もり傾向が遥かに上ということだ。

「電話くれればよかったんだよ。そしたら私も早く来て迎えに行ったのに」

「だがさっき電話しても出なかった」

そう言った俺を、小春が再び睨み付けてくる。

「緊張して震えてしまっただけです。本当に大樹は意地悪ですね。次からはちゃんと出ます」

俺に対して怒りをぶちまけたことで、小春は早くもいつもの調子が戻り、打ち解けてくれたらしかった。最初さえ乗り越えれば、もともと関係性が深まっていただけに、こんなものなのかもしれない。

「ねえ、どこか店に入らない？　ここで話し続けるわけにもいかないし」

隼の提案に、涼香がうなずく。

「そうだね。喫茶店行こうよ。あっちのほうで探そう」

涼香が西口のビル街に向かって歩き出し、俺たちはそのあとに続いたのだった。

生徒分析①

【涼　香】
勝ち気で男勝りな18歳。今年演技の専門学校に進学し、東京に引っ越す予定。言いたいことはズバズバ言うタイプで、決して物怖じしない。趣味はもちろんアニメ鑑賞だが、そのほかにも野球観戦やフットサル、ブレイクダンスなども好きである。そして時々市民プールに泳ぎに行ったりもするなど、スポーツ大好きなアウトドア派。活発な性格の彼女が、今回の新宿でのオフ会を提案した。が、細かい段取りは隼に丸投げした。

【大　樹】
チャラチャラした外見だが本当は人見知り少年。大学に進学はし、現在は2年生（19歳）たが、1年次から周囲とうまくコミュニケーションが取れず、入ったサークルもかなり早くに辞めてしまったため友達作りがうまくいかずに講義をサボるようになった。今は大学にほとんど行っていないため、引きこもりと呼ばれている。家では深夜アニメとオンラインゲームに熱中している。

【隼】

落ち着いた印象の19歳。大学2年生。大樹とはベクトルの違う引きこもり（外に出たがらないのは趣味の時間を確保するためで、人付き合いは苦手ではない）。常に他人のことを気にかけた思いやりにあふれた言動をとることが多い。そのため仲間内では自然とリーダー的な立ち位置に収まり、まとめ役となることが多い。趣味は読書で、漫画や雑誌、ライトノベルから新書や専門書、ハードカバーの小説まで何でも読む。

【小春】

引っ込み思案で人見知りな19歳。服飾の専門学校に進学したが、生来の人付きあいの苦手さが災いして友達を作れずに孤立し、学校に居づらくなって休学してしまった。着ている服は市販品に彼女が改造を施したもので、フリルが4割増しになっている。自分と同じように学校に行っていない大樹にシンパシィを感じもっと仲良くなりたいと思ってはいるが、他者との距離感がつかめないために若干高飛車な言動を取ってしまっている。

生徒分析②

【涼　香】

サバサバしていてはっきり発言できる。社交的で行動力のあるリーダー的存在。

心にある不安の裏返しでもある。観察力に優れているムードメーカー。面倒見のいいお姉さん。

自分が率先して喋り、明るくいることで場を和まそうとしている。前々から集まりを楽しみにしていて、この瞬間を心底楽しんでいる。小春のことは人見知りを心配して来ないのではないかと不安になった。

このメンバーが唯一自分らしくいられる。

【大　樹】
面倒見のいいお兄さん。好きなものは好きとはっきり言える。B型。

自分の事をしゃべるのは苦手（照れくさい）。誰に対しても裏表がなく、その場を楽しめる。

このメンバーに本当に気を許していて心配している。

ペンダントの事を話題にされた時は気恥ずかしかった。何気ない会話を楽しんでいる。

心配したものの、小春が来てからはいつもと反応の違う小春をからかうのが楽しい。

皆の緊張がほぐれて良かった。楽しくなりそうだ。


【隼】


協調性があり、まとめ役な真面目君。人目を気にしてしまい、周りに合わせてしまう。

空気を読みすぎて気を遣いすぎる器用貧乏。考えてから的確な意見を言う。

涼香と二人の時は、とても緊張していたけれど大樹が来てからいつも通り楽しくなる。

小春が来てからは言い合う二人を微笑ましく思いながら、空気を壊さないように見守っていた。

場所を移動したのは人ごみで騒ぐのも迷惑だし落ち着かないので。

【小　春】

極度の人見知り。マイナス思考。人目が気になりすぎて外に出られない。臆病。ゴスロリを着ることで強くなれる。

緊張と人見知りで中々声がかけられなかった。メールでみんなが待ち合わせ場所にいることが確実になり安心してトイレから出ることができた。1対1で話すのが苦手なため電話に出るのをためらってしまった。

初対面で緊張していたけれど、大樹の素直でいつもと変わらない反応に緊張がほぐれる。

このメンバーには心を許している。

大塚　うん。どれも筋は悪くない。ただ問題点は、繰り返しになるけど、提出された文章には「彼はこういう性格だ、彼女はああいう性格だ」ということが事細かく書いてあるにもかかわらず、音源を聞くとそういう芝居じゃない人がたくさんいるということでした。自分が思ったように演技できていない。楽器としての「声」をうまく演奏できていない、ということです。この部分に関しては、鍛えればどうにかなるけどね。あとは、やっぱり「悪くはないけど、それ以上の読み方はできていない」という部分。

納谷　大塚さんはさっき、「キャッチする力が重要だ」というお話もされていました。それは、簡単に言ってしまえば相手の思いを汲み取る力というか、いわゆる想像力のことですね。具体的な話として、大塚明夫が持つ想像力は、どういうトレーニングや経験から培われたんでしょう?

大塚　やっぱり相手の気持ちを慮(おもんぱか)ることから始まったんだと思う。慮るというのは、単に同情するとか、優しくするということではありませんよ。私の若い頃……40年とか50年も前のことですけど、当時は今よりもずっと物騒でね。身の回りに野蛮なことが多かった。

その中でどうやって自分の身を守っていくか、相手は何を考えているのか、どう駆け引きするべきなのか……いろんな思索を通じて、自分の感性を磨いたんです。そういう野蛮な、危険な時代を生きてきたことの影響は、大きかったと思いますね。

日本は戦後70年、平和ボケしていると言われていますが、危険がないからボケていくわけで。危険の中に身を置いている人たちはボケません。当たり前の話だよね。彼らはボケたら死ぬだけだから。

しかし君たちに今から同じことをやれと言っても無理でしょう。だから、想像力を培うという意味で言えば、まずは本をたくさん読むことですね。それで自分の中の心象風景をどんどん増やしていく。悲しくなったとき、人はどう行動するのか。泣くのならば、なぜ泣くのか。逆に、悲しくても決して泣かないキャラクターがいたとしたら、それはなぜ泣かないのか。ひたすらに本を読んで考えるんです。

読書の効用は他にもあります。繰り返し読むことで、短時間で本を読む能力が身につくんです。これは声優に必須の能力です。なぜ必須か、実演してみましょう。

そう言うと、大塚はおもむろに課題のプリントを手に取った。すぐさまその口から、次々と言葉を紡ぎだす。すぐに生徒たちは気づく。聞き取りやすいスピードで文章を読み上げながらも、大塚の視線は、読んでいる部分よりはるか先へとどんどん進んでいっているのだ。

大塚　待ち合わせ場所は新宿、新宿や渋谷のように人ごみはつねづね苦手で仕方がない。ただ今日ばかりはそれどころじゃなかった、緊張で押しつぶされ……。わかったかな。慣れている役者は、こんなふうに、文章を読み上げながらも、同時にどんどん先の方まで読んでいくことができます。これができるようになれば、トチることはぐっと少なくなります。これは本をたくさん読まないと身につかない能力なんですよ。

これができないと、はっきり言って商売になりません。まったくの初見で、その日渡された台本で芝居ができて当たり前の世界。それが声優の生きている世界です。例えば演劇なら、ひとつの作品に何週間も、あるいは何ヶ月もの稽古期間があります。長期間をかけて、自分の中でじっくり芝居を練っていくことができるわけです。映画やドラマは、言わずもがなですね。

しかし声優には、そんな暇はありません。売れっ子になれば、朝ひとつ仕事をやって午後ふたつやってもうひとつ夜に最後に違うのを撮る、というくらいの無茶な仕事の仕方をしています。まあ、みんなにそれぐらい仕事があったらラッキーなんだけどね。
しかしそうなってくると、芝居をひとつずつ練っていく時間なんてありゃしない。現場で来たものをその場で読むしかない。ひと読みで、最大公約数をパッと判断しないといけない。それにはやっぱり文章を読む力が不可欠ですね。

納谷　文章を読む力は確かにつけてほしい。今回、みなさんやっぱり「読めてるんだけど、読めてない」んですね。文章は読めている。でも、文章の奥にあるもの、難しい言い方をすると「テクスト」を読めてはいないんです。僕から見ると、ほぼ全員そう。技術的に表現ができていないというのは置いておいてね。とくに女の子。すごくアニメっぽい芝居をつけた人ばかりなんだよね。

大塚　アニメの声優になりたいと思っていて、アニメの芝居を参考にしているからそうなっていくんだろうね。

納谷　この文章を本当に「読めて」いたら、アニメっぽい芝居にはなりえないとわかるはずなんです。なぜかというとですね、この宿題の文章には、すごく特徴的な単語があるんです。何かというと、まずは最初に出てくる「新宿」って地名。ここ、「ある郊外の大きなターミナル駅」という表現だっていいところですよね？

さらに、そのあともやたら具体的な地名とか、現実的な固有名詞が延々と登場します。曙橋という駅名も出てくるし、何線がどうしたとかこうしたというシチュエーションについての説明もある。東京に住んでいる人ならとくにそう感じるだろうけど、実際に行ったことのある人間なら100パーセント頭に浮かぶであろう印象的な場所ばかりです。そうでない人でも、おそらくテレビ等々で見聞きしたことのある場所ばかりだと思うんです。

では、そうまでして具体的な地名を延々と書き連ねる理由とは何か。おそらく、この文章の書き手はこの作品に〝リアリティ〟がほしいんですよ。読み手の全員が想像できる、現実の延長線上で、物語を展開したいんだろうなということが伝わってくる。内容を読めばわかるはずなんです。この文章の先には魔法使いは出てこないし、ありえない奇跡の力みたいなものも、多分出てこない。

大塚　伝説の傭兵も出ないだろうね。

生徒たち　（笑い）

納　谷　一番わかりやすかったのは、最後に出てくる小春の芝居。みなさんそろってアニメっぽく芝居をつけてるんだよね。「なになに～」ってはしゃいで言ったあとにいきなりハイテンションで、「そんなことありませんっ！」ってむくれてみたり。

これがアニメで、顔がパカンパカンっていきなり変わるようなキャラだったらその芝居はハマります。でも、今回はそうじゃありません。そんな芝居をやったら、その瞬間にお芝居の空間があまりに現実から離れちゃって、おそらくこの文章の作者がやりたいであろう、現実の延長線での物語展開はできなくなるんだよね。さっきの言い方で言うと、それは最大公約数ではないわけです。

つまりどういうことかというと、引きこもりの子や、チャットとかでないとうまくコミュニケーションをとれないような子のことを、まずは現実ベースで捉えて、物語に応じた味付けをしなきゃいけない。アニメ的な味付けだと、少なくともこの文章を書いた人の意図とはズレるはずなんです。
キャラクターの所作みたいなところはみなさん、ちゃんと読めているなと思いましたよ。それぞれの感覚の違いで演じ方の差はあれど。でも、この文章全体が何をしたいと望んでいるか、何を求めているかというところまでは、誰も読めていなかった。まあ、課題文ではキャラクターを読めって言っておいて、講評ではこういうふうに言うんだからずるいんだけどね……性格悪いよね僕って。

生徒たち　（笑い）

納　谷　でもね、これってすごく大事なことなんです。例えばアニメの仕事でも、外画でも舞台の仕事でもそうです。台本を渡されて映像を見て、瞬時に「あ、これってこのくらいの世界観を作りたいんだろうな」というのを具体的な感覚として捉えられる力は絶対に必要になります。
例えば「明るく元気な子」とひとくちに言っても、ギャグ漫画に出てくる明るく元気な子と、シリアスな物語の中で出てくる明るく元気な子、ドキュメンタリータッチの作品に出てくる明るく元気な子は全然違いますよね？
　みなさんは今、そこについてあまり考えられていません。よく見るアニメやなんかのイメージだけを使って、「このぐらいでしょ」って思い込んでいる。それは違うんですよ。まず最初にいるのは書き手の人。彼らのやりたいことを踏まえたうえでどういう表現をするのかが声優の仕事なんですから。

大塚　『声優魂』でも書いたことだけど、作品を建築にたとえて考えてみてほしい。そう考えると、自分の役は建材としてどこを担当するのか、ということの理解は必須になる。今、彼が言った「書き手の意思」というのは、最終的にいったいどんな家にしたいのかという図面のことだね。その家を建てるにあたって、自分の役は大黒柱なのか、コンクリートの基礎なのか、雨戸なのか……少なくともどういう建材なのか、ということはどうやらみんなわかっているようなんです。それでも、何でそうしちゃうのかな、もったいないなと思う演技が、君たちの芝居の中にはたくさんあった。
　僚介も今言ったけど、小春のエピソードはわかりやすい。彼女は物語上、急に怒り出したわけだけど、彼女の心象風景を考えてみれば、それは実は急じゃないんですよ。ずっとそのことについて考えていたから、急に怒ることができたわけです。

彼女はどうしていいかわからないから便所に閉じこもっていた。恐い。遠くから3人が見てる。パッと目が合ってまた「ああ恐い……！」ってなっている間に3人が寄ってくる。本人にとっては急展開とも言える状況になっている中で声をかけられたとき、ギューッと縮まっていたものがポン！ って爆発するから、急に怒り出したように見えるんだよ。

それをアニメのパターンだと最初から決め込んで、「あ、ここはギャグっぽい顔でいきなりむくれるとこね」というふうにやっちゃうと、彼女というキャラクターが捉えきれないよね。

これを防ぐためにはどうすればいいか。それには、まだ自分の出番ではないときから、目の前で起きている現象を拾って拾ってキャッチして、ギューって溜め込まなければならない。そうして初めて出てくる言葉が「何がおかしいんですか」になる。「は、は、初めまして」って、精一杯の、死ぬ思いで挨拶をしたのにそれを笑われたわけだから、そりゃ逆上もするよね。「何がおかしいんですか！ （大声）」となって当たり前だ。みんながやったように「何がおかしいんですかぁ（甲高い声）」にはならないんだよ。

ここは本気で怒らないとだめだし、「何がおかしい！」って急に本気で怒ったからこそ、周りが「いや、だって色々と」ってことになっていく。

でも彼女はそのくらいじゃ気がすまない。そこまで一所懸命になってたら「色々と」なんて軽い言葉には「なにそれ！」とまた突っかかりたくなるよね。

これが、芝居。それっぽく言うこととは、似て非なるもの。

ここに研鑽を積んだ技術が重なれば、ギューッとなった自分の澱みたいなものを、「今、自分はこうなってんだよ！」ということをべらべら説明しなくてもね、音として、語気として、それを含む感情として、そのまま見せてあげられるようになる。

だからただ技術だけがあったとしても、芝居は必ず虚ろなものになってしまうというのが、今の話でよくわかるよね。

納谷 大塚さんのよく言われる「キャッチする力」というのが、今のお話の全てだと思うんですよ。あのですね、大塚明夫という人間が子供の頃……僕は当然その頃の大塚さんに会ったことはないですし、実際のところは知りませんが、少なくとも引きこもりではなかったと思うんですよ。

大塚　全然引きこもりじゃなかったな。

納谷　ですよね。だから、初めての方に会って、ガクブルするっていうことは生涯で一度もなかったと思うんですよ、この大塚明夫という人はね。それでも、引きこもりの気持ちが瞬時にわかる。これが、手前味噌ながらこの人が名優たる所以(ゆえん)なわけで。

大塚　ありがとう（笑い）。

納谷　「こういうタイプの引きこもりの人で、初対面の人を怖がっていたら、このくらい心がギュッとなって、それが爆発するでしょ」って大塚さんはさっき簡単におっしゃいましたけど、普通はあれだけ瞬時には考えられないんです。自分でないものに対する想像力というか、「おそらくはこういうものであろう」という未知なるものへの推理力がずば抜けている。

大塚　だって、書いてあるものを読めば、そう読み取れるわけだから。待ち合わせの2時間も前についちゃって、どうしようと。顔半分だけ出して遠くから見ている、という描写(びょうしゃ)があれば、心の内だって想像できるはずなんです。そんな中、勇気を出して挨拶(あいさつ)したら笑われてしまった。それはもうね。大変な感情の爆発が起きてしかるべきです。

こういう想像のトレーニングが、役を作るうえで非常に役に立ちます。最初に出てくる隼だって、すごく明るく演っても、暗そうに演ってもいいわけでね。

大樹に関して難しいのは、涼香に、「いつも着けているそのペンシルの中に何か入れているのか」と聞かれるところだね。そう聞かれたとたんに、彼は動けなくなってしまって、エキセントリックな反応をする。人と話すことについて、何か問題を抱えているんだなというのがここでわかる。そのペンダントに込められているのが楽しい思い出なのか悲しい思い出なのか……それによって、彼の固まり方も、次に出てくる音も変わってくるはずです。その違いをどう出すかが、役者としての腕の見せ所ですね。

「そんなんじゃない。なんとなく着けてるだけだよ」

このセリフに、彼がペンダントに抱いている何かしらのイメージが反映されるはずです。

怒っているのか、悲しそうなのか。何かしらの事象を思い出しながら言うとすると、声の音色は必ず変わってくる。

聞いている人の心に引っ掛かるような音を出すと、「あ、この子もやっぱりなんかの理由で引きこもってるんだな。なんか訳ありなのかな」ということが伝わる。君たちも、映画やアニメを観ていて、そんなふうに「訳あり」を感じる場面はあるだろうと思う。そのときに抱いた違和感や、頭にひっかかった謎が、たいていの場合は物語の中でだんだん深められていく。物語の展開と、観ている人間の受けるものに作用していく。だから「その音を聞く人に、どんな引っかかりを与えるか」はとても大事なんです。それが物語の流れを作り、広げ、そして結びをも作る。

あとは自由に演ってもいいんです。無理やりに演技だけで説明しようとしなくても、言葉によって立体的に役というものを刻んでいける。そういうことを考える力をつけていくためにはやっぱり、何度も言うけど本を読まないとね。

声優は、台本から情報を拾えれば拾えるほど得をする仕事ですから。だから、たくさんの文章を読んで、読み解く力をつけましょう。これは最低条件のひとつです。

アニメしか見ない人間に、表現の幅は作れない

大塚　僚介も言ってくれたように、ひとくちに引きこもりと言っても、アニメに出てくる引きこもりとラノベに出てくる引きこもり、ドラマに出てくる引きこもり、映画に出てくる引きこもりといろいろある。自分の身近なところに引きこもりがいる人は？

生徒たち　（2人、手が挙がる）

大塚　君たちは、現実社会における引きこもりの人物像を知っているわけだ。ならば、その人の特徴を思い出してみてほしい。君たちの中には参照できるものがある。それを芝居に乗っけることができる。これぞまさに経験値なんです。

もちろんみんなは若いし、生きてる時間が少ないわけだから、当然、経験値はまだまだ低い。だけど、それでも注意深く生きることで、同じ時間でもたくさんの経験値を稼ぐことができるんです。ボーッと生きている人より、はるかにたくさん「経験」をしている人もきっといるはずなんだ。例えば同い年なのに妙に頼りがいのある男がいたら、それはそ

いつの、経験値が高いってこと。

納谷　真剣に生きていたら、真剣に人と接する機会は少なからずあるはずです。そのときに相手の心を読むというか、相手が今どんな気持ちなのかを、その人の態度から推理してみるのは大事ですね。逆に、相手の心情が最初からある程度わかっているときもあるじゃないですか。恋人ができたばっかりなら気持ちは明るいだろうし、仕事で失敗した直後なら凹んでもいるでしょう。そういうときに、ただ漫然とその人の話を聞くんじゃなくて、冷静に観察してみる。「人って凹むと、案外早口になるんだな」みたいな発見が、けっこうあるんですよ。

ちょっと話がずれますが、僕はもともと営業の仕事をしていたんですね。今もマネージャーなので、営業と言えば営業なのですが。

営業の仕事は、相手の腹をいかに読めるかが勝負になります。例えば僕が、このペン（ボールペンを手に持ちながら）の営業だとして、「これ、青いボールペンなんですよ！　いいでしょ」と言ったとしますね。

そのとき、相手が僕の出したどの情報に反応するのかというのを注意深く観察するんです。「青い」に反応する人なのか、「ボールペン」に反応する人なのか、はたまた両方に反応しない人なのか。

仮に、「青い」に反応する人だったら、黒や赤はもう持っている人である可能性が高いですよね。そして、それでも青がほしいってことは、3色を同時に使うような仕事、例えば学校の先生のような仕事をされている可能性が出てきます。ということは、黒と赤も、タイミングによっては買ってもらえるかもしれない。しかも大量に、です。

一方「ボールペン」に反応した人は、単純に書くもの、文房具がほしい可能性が高い。だったら「このボールペンとセットで、ルーズリーフがあるんですよ。まとめるバインダーもあって……」という営業トークに持っていったほうが、上手くいく確率は高まります。

そして、両方に反応しない人は、青いボールペンには興味がなくて、必要ともしていない人。しかしそういう人にも何かが売れるかもしれないから、パッと頭を切り替えて、「これもすごく安いんですよ」と全然違う商品を持っていく。

別に営業テクを教えたいわけじゃないんですよ、これは全部、人間観察なんです。何度でも言いますけど、声優をしっかりやるうえで人間観察はすごく大事。普段から、この人は今何を考えてるのかな、こういうときにはどういう反応を返す人なのかな、怒るのかな、凹むのかな……と、観察するクセをつけてほしいんです。

僕も音響監督をやるようになってから、とくに意識して人間観察を重ねています。この人は普段からすごく神経質だな。神経質な人って、このぐらいの物音だと怒るんだな。でも、意外とスナック菓子をバリバリやってても気にならないのか。あ、いや、気にしてないフリして明らかにさっきより怒ってるな。神経質な人って静かに怒るんだ……みたいな。これはかなり雑な、しかも決めつけた例ですけど、そういう事例をたくさん集めていくわけです。役者さんの場合は、それがそのまま、演技の幅になります。

このクセがつくと、単純にコミュニケーションがうまくなります。空気が読めるようになるからです。相手にとって心地よい空間も作りやすくなるし、相手を不快にさせないためにどうしたらいいかも学べますね。ちなみに、声優さんにこれができるようになってもらえると、マネージャーとしてはすごくありがたいです。偉い人に気に入られやすいから。

大塚　ごめんね……。

納谷　ちょっと、大塚さん！

（会場爆笑）

納谷　話を戻すと、役者はなんでもできないといけないんですよ。どんな役をいつ何時やることになるかわからないから。だから僕はいつも、うちの事務所の子たちに、口を酸っぱくして、もっと本を読みなさい、人と付き合いなさいって言ってます。それが最大の、自分の表現の幅を広げるための実験なんです。この実験を繰り返して、結果の検証をして、感情のサンプルを地道に確保していくしかない。

若い人みんなというわけではありませんが、平均的に言って、最近の人たちは本当に空気が読むのが下手だなと思うんです。相手がすごく嫌がっている、あるいは興味を持っていないのに、延々と自分の好きな話題を続ける人ってすごく多い。逆に、せっかく相手が興味を持って楽しんでくれてるのに、何でこの話続けないの？　というパターンもあります。これは、想像力を養う機会が少なかったからだと思うんですね。

いい役者さんというのは、心理の洞察に長けています。自分が、あるコミュニケーションの中でどう振る舞うのが適切か、やるべきことがさっとつかめる人が多い。もちろん、私生活でその能力を使うかどうかは人それぞれなので、みんなが「いい人」だというわけでは決してありません。でも、その能力を自分の思い通りに使いこなせる力が、大塚さんがずっと言っている役者としての「技術」なんですよ。

このくらい神経質な人がこういう状況に置かれたら声を張るよね、という場で、役者が「僕は大きな声で演技ができません」なんて言っていたら話にならないですよね。あるいは、そのシチュエーションならばちょっと声のキーが上がるでしょう下がるでしょう、となったときに、その微妙な半音にどんな心理が伴うのか、思いをきちんと馳せることができなければならない。今の若い人にできないのが、実はそこなんです。

ここも悩ましいところでね。教え込んでしまえば、技術的な音の上げ下げ自体はできる子が多いんです。今の若い子たちって、むしろそういう単純な技術は上手い場合が多いんですよ。「この音出して」っていうとわりとすぐに出せてしまう。

大塚　声優学校で鍛えているからね。

納谷　そうです。僕も、音響監督として現場に行って、キャッチする力が弱い人を録らないといけなくなったとき、そこを利用することはありますよ。役者さんに悪いと思うから極力このやり方はしないんですけど、それでも「どうにもなんねえな」って思ったときは、「はい、ここからここまでちょっと張ってください。で、ここから半音落としてしゃべって、ここからこうして、最後流してください」って言う。すると、みんな綺麗にできる。だいたい。

大塚　俺そんなこと言われたら「ふざけんな！」って言うよ。

生徒たち　（笑い）

納谷　大塚さんはそうでしょうね。でも、こっちも仕事なんで。終わらせなきゃいけないんで。もうこの子からはこれ以上出てこないなと思ったら、最後にはそう言いますよ。僕だってもちろんそういうやり方はしたくない。正直に言って、そこをキャッチしようとしない、キャッチする訓練を怠ってきたその子に対して腹も立ちます。その場では怒らないですけどね。大抵は若い子ですから。その代わり、違うときに怒ります。

大塚 「自分が演じたらいいじゃないですか」って俺が若いころだったら言っちゃっただろうな。まあ、それは俺が演じる中で、心情を捉えるってことについて手抜きしたことがないからだけど。

納谷 役者を使う側として言えば、やっぱりほとんどの若手にはそこが足りないと感じますよ。心の動きというか、人間の気持ちが熱くなったり冷たくなったり、大きくなったり小さくなったりする、その〝妙〟について汲み取る力を、僕は一番、訓練してほしいと思います。そこについての訓練法って、なかなか一般社会では語られていないんですけど。

大塚 例えばアニメーションだったらさ、台本に絵は描いてなくてもト書きが書いてあるよね。みんな見たことある？　アニメの台本。ない？　そりゃしょうがない。

納谷　しょうがないっちゃしょうがないけど、そこは見ておいてほしいですよね。少なくともこの世界を本気で目指しているなら。方法は、いくらでもあるわけだし。

大塚　そうだね。まあ、見たことのない人のために説明すると、アニメの台本には、キャラクターのセリフはもちろん、そのキャラクターがここでどうする、こうするという、行動を含めて書いてある。ビルが爆発するとか、ここで音楽が入るみたいなことも書いてあるね。例えば、自分の読むセリフの直前が、ビルがドカーンと爆破されて、そのあとにシリアスな音楽が入る、というシーンだったとする。じゃあその直後ならば、どんな音で出るべきか、出てやろうかと私たちは考えるわけだ。爆発があって音楽が入って、自分のセリフが入る。あるいは自分のセリフの後に音楽が入る。音楽を立てるために心地の良い音を出すという選択もあるし、敢えて強い声を出して、音楽と喧嘩することで混沌を表現できるかもしれない。ここまで考えている人はもしかすると少ないかもしれないが、芝居ってそういうものなんだ。そして、私はそういうところを追求している。だからCMのアフレコでも、実際にかかる音楽を流してもらえるように頼むんだよね。そういうときに、「音楽、まだないんですよね」なんて言われると、ちょっと困る。

セリフって、科学的に言えば単なる音なんだよ。でもそこには、音楽性と呼ばれるものが必ずついて回るわけで……人のセリフと音楽とが美しい和音になるように入れたほうが絶対に気持ちいい。


そういうセンスは、「僕、音楽は聴かないんですよ。アニメばっかり見てて」というような人では絶対身につかない。

たとえば手塚治虫さんは「漫画家になりたかったら、人の漫画ばかり読んでいてはいけない」と語っていたと言います。「いい本を読んで、いい芝居を見て、いい絵を見て、そういう一流のものにとにかく触れていくことが何より大切だ」と。

そこで初めて自分の感性が磨かれていくわけです。漫画が描きたいからって人の漫画だけを見て描いていたら、既存の漫画の幅でしか描けない。ただの人真似になってしまう。それでいいって人はそうやっていけばいいけど、そんなのってつまらないじゃない。

一流のもの。できればアニメじゃないもの。ドラマでもいいし、映画でもいいし、舞台でもいいし、音楽のライブに行ってもいい。絵画でもいい。いろんな表現がこの世には溢れているんだから、「アニメだけ見ていればいいや」なんて思わないでほしい。アニメ絵だって「絵」というジャンルの一形態なんだからね。

私は絵ってすごいものだと思うんです。杉野昭夫さんというアニメーターさんがいらっしゃるんだけど、君たちは知っているかな。出崎統監督版の『ブラック・ジャック』で絵を描いてくれた方です。この人はとても繊細で、人づきあいが好きじゃない。でも、その手から生み出される絵が本当にすばらしい。止まっていても、動画に負けない迫力がある。だから出崎さんは、あの作品でストップモーションを多用したのだと私は思う。

そんな仮説を持って私は『ブラック・ジャック』を演じていました。「この絵に負けないセリフとはどんなセリフか」ということをずっと考えていた。大事なのはその、「この絵、すげえな」と思える感性です。「この絵に負けないためにも」っていう意識が、自分の奥底から湧いてこないといけない。

そしてね、アニメ絵だけでなくいろんな絵画に触れて、描かれたものの奥にある何かに心打たれる経験をしていないと、こういう感覚は絶対に生まれないんだ。この感性は、声優学校の授業では学べない。自ら走って、自分で求めていかないと。だらっと家にいてアニメ見て、ゲームやって、「萌え系のキャラクターを演るにはこんなしゃべり方をすればいいんだろう」なんて練習していたって、何にもならない。だからみなさんはできるだけ、アニメ以外のものに親しんでください。

納谷　僕としては、アニメにも親しんでいたほうがいいと思いますけど。

生徒たち　（笑い）

大塚　もちろん。ただほら、アニメをやりたいからってアニメしか見ない人があんまり多いもんだから。

納谷　そうですね。比率はちゃんと考えた方がいい。100％これ、っていう見方では視野が広がらないです。憧れのジャンルがあるからってそれしか見ないでいると、結局そのジャンルの何が人を惹きつけているのか、さらにそのジャンルの中で何が主流で何が亜流なのかとか、今後どうなっていきそうだとか、客観的に捉える力も身につかないんです。そうすると、自分の立ち位置のことも考えられませんからね。

大塚　そういう人ばっかりだから、実は毛色が違う人が来たらそれだけで目立つんだけどね。単純に言って、そっちの方が得だよ。
　サッカーと一緒で、ボールのある場所にみんなが集まったんじゃ試合にならない。パスがほしかったら、人の少ないところを走らなきゃ。「かっこいい声を出して、かっこいい声優として売れよう」と思う人間が何千人もいるところに、なんの戦略もなく乗り込んだって椅子はとれない。だって同じような奴ばっかりなんだから。だったら、その何千人が持っていない自分だけの武器を考えたり、もっと競争率の低いエリアに行ってみたりした方がいい。簡単な理屈なんだけど、なかなか難しいみたいだね。そういう発想の転換をしない。みんなアイドルになりたいからかな。

納谷　いや、もし今この場に、かわいいアイドル声優になりたい人がいたとしても、僕は同じことを言いますね。アイドル声優の卵にだって、一流のものに触れて感性を養ってほしいし、台本の行間を読む力を持ってほしい。そうでなければ、アイドル性という技術も伸びません。

大塚　その辺って、私にはわからないジャンルだな。アイドル、やったことないからさ（笑い）。

納谷　そういう子たちをたくさん見てきた立場としてみなさんに言っておきますが、アイドルはアイドルで特殊技能なんです。業界という戦場で生き残っていくための武器のひとつ。他の技能と同じですね。そうなりたい人がいたら、アイドルを目指せばいいと思いますよ。なれるかどうかは知りませんけど。

大塚　そうだね。

納谷　というわけで、声優という職業のことや、業界のことを改めて話してきたわけですが、そろそろ次に行きましょうか。ここからはひとりずつ、事前に出して貰った課題について、僕たちから寸評と言いますか、いわゆるダメ出しをしたいと思います。いただいた録音もこの場で流します。それぞれさらしものにするようで、ちょっと恐縮ですが。酷評が出るか、絶賛が出るか、それは蓋を開けてみてのお楽しみですね。

自然とリラックスしてきていたらしい生徒たちが、納谷の言葉にざわざわと反応する。この場で寸評会が行われるということは、誰も事前に知らされていない。いよいよ、「声優塾」としての本丸に突入する時がきたのだ。

大塚　その前に、みんなちょっと眠くなったり集中力が途切れたりしてきているみたいなんで、休憩入れましょうか。私の声って、眠気を誘因するタイプでもありますし。

納谷　大塚さんが一服吸いに行きたいんでしょう。ではみなさん、一旦ここでタバコ休憩をいただきます。

生徒たち　（笑い）

声優生存戦略コラム①

伸びる人 伸びない人

『大塚明夫の声優塾』の読者の皆さまこんにちは。声優事務所マウスプロモーション社長の納谷僚介と申します。社長というと、ドカッと椅子に座ってあれこれ指示を出す人を想像されるかもしれませんが、うちのような小さな会社ではそうはいきません。未だに毎日現場に行き、所属の声優たちと晩ご飯をともにし、ひとりひとりの顔を思い浮かべながら、彼ら彼女らをどう売っていくかひたすら考えています。

これまで、うちの事務所の人もそうでない人も含め、実に多くの声優さんたちの挫折と、一握りの人たちの成功を目にしてきました。そうするとなんとなくですが、売れる人と売れない人の差のようなものが見えてきます。まだまだ未熟な僕ではありますが、このコーナーでは声優をプロデュースする立場から見た、業界を生き抜くためのコツをお伝えしていきます。

第1回は、伸びる人とはどんな人なのかというお話。ここで言う伸びる人とは、技術的なレベルアップが早い人のことを指します。

伸びる人には、共通した特徴があります。それは、頭を使うことを自然にできる人です。うちの新人にこの話をすると、「私馬鹿なので、頭使わないでただ一生懸命頑張ります！」と言われたりするのですが、残念、そういう人は絶対に伸びません。

頭が悪いから考えなくていいという話はありません。他人の3分の1しか考えられないなら、3倍頭を使わないといけないとなぜ思い至らないのか。

同じ台本でも、1回読んで完璧に理解できる人もいれば、3回読まないとダメな人もいます。それは、その時点での培ってきた経験値や能力が違うのだから仕方ないと思います。しかし、「台本を読む時間×頭の回転の速さ＝台本の理解」という公式が成り立つとしたら、人の2倍3倍の時間をかけることで、頭のいい人に追いつくこと、追い抜くことはできるはずです。それなのに、頭を使わないといってしまっている人はその時点で追いつき追い越すことを放棄してしまっていることになります。

自分が商品であるという認識も大切です。僕はよく、「マネージャーは、自分の好きな人だけ売るからね」と声優に言います。うちにはいま120人の声優が所属していますが、全員を満遍なく推していくなどということは不可能です。たまに「もっと均等に、平等に力を割くべきだ」と言われたりしますが、全員に全力を尽くしてしまうと、マネージャーの方が持ちません。それに、一人一人のチャンス量が減ってしまう。それだと、売れる人まで売れなくなってしまう可能性が多分にあります。だからまず事務所内での競争に勝たなければならないのです。

大塚さんも『声優魂』に書いていましたが、すぐ側にいるマネージャーを魅了できない人が、何千人何万人のファンを獲得することなどできるわけがありません。アピールポイントは、何でもいいのです。顔が可愛いでもいいですし、おしゃべりが面白いでも、声がいいでも、芝居が上手いでもいい。気が利くとか、すごくよく笑うとか、そんなことでもいいのです。とにかく自分の武器を冷静に見つめて、ちゃんとプレゼンして、まずは側にいる僕たちを魅了しないと。それすらできない人間が、一足飛びにスターになろうとしても、芽が出るわけがありません。

あと僕は、所属声優に「嫌われてみなよ」と言うこともあります。

若い人が特にそうなのですが、100点スタートだと思っている人が非常に多い。減点さえされなければ、満点だと思っちゃってるところがあるのですが、違います。この世界は、加点式です。スタートは、〇点です！　だからもっとガンガンいきなさいと。そう言うとみんな「いや、失礼なことして嫌われたらどうするんですか？」とか「次呼ばれなくなったらどうするんですか？」と言うのですが、僕は「いやゴメン、嫌われたら何が損なの？」と返します。だって今は「〇点」なのです。これより下はないのです。

語弊のある言い方かもしれませんが、「使う側」の人たちは、「好きな人」にしか声をかけません。眼中に無いという意味では、「あの子は嫌いだ」と言われるのも、「あの子は普通だね」と言われるのも、変わりがありません。だから、何かしらの方法で、それこそ嫌われにいくぐらいの気持ちで、点を取りにいく必要があります。その結果、例えば業界の偉い人に睨まれたとしても、正直問題はありません。「お前を業界から消してやる！」なんて言われることを想像されるかもしれませんが、皆さんそんなに暇ではないのでそんなことされるはずないです。

ここまで言っても「嫌われたくないです！」と言い張る人もいます。そういう人にはいつもこんな例え話をします。

例えばあなたがすごく上手に人づきあいのできる人で、奇跡的に100人のプロデューサーに気に入られているとしましょう。その状態を、具体的にイメージしてみてください。100人の人たちが全員1クールずつアニメを持っていると仮定して、全員に義理を通すとすると、年間100クールやることになります。1年間は4クールしかないので必然的に1クールに25本やることになりますが、そんなことが可能なのかと。1週間は7日しかありません。どんなにうまく調整できたとしても、1日2本、週で10本程度しかできないのがこの仕事。この「10本／1週間」というのが、実は声優の限界仕事量なのです。つまり、毎クール10本の仕事をするが限界ということになります。実際は、毎クール2、3本メインでやっていたら十分生活ができます。それだけやっていれば別の仕事も入りますので。ということは10人もお得意様がいれば、十分ということになります。100人いたら、90人に嫌われてもいいから10人に好かれろ。これが、声優という仕事の鉄則です。1割でいいのです。10人のうち9人に嫌われたって、あなたの声優人生には一切の影響がない。その1割を取りに行くために、あなたは何をすべきなのか。

ボーッとして印象に残らないぐらいなら、嫌われた方がまだマシなのは明白です。世の中には、みんなから嫌われている人でも、そういう個性を好きだという人が必ずいます。「嫌われポイント」を50集めれば、一人ぐらいは、「君、嫌われてるねー」と手をさしのべてくれる人が出てくるかもしれない。お分かりとは思いますが別に嫌われることを推奨しているわけではないですよ。ただ、嫌われることを恐れて何もしないのは、何にもつながらないですよと僕は皆さんに言いたいのです。

先ほど「10人に好かれたら安泰」と書きましたが、ほとんどのプロデューサーさんは年に複数の作品を担当しますので、実質3人ぐらいのプロデューサーさんを押えていれば人気声優になれます。先ほども言ったように毎クール3本ぐらいにメインの役として関わっていたら、ゲームだ生放送だイベントだとお声がけしていただけるので、ほぼ隙間のないスケジュールになります。ということは、です。1〇〇人のプロデューサーがいたら、3人に好かれればいい。97人に嫌われていい戦いなんですよ。なのに何でみんなじーっとしているのかが僕にはよくわかりません。とにかくおとなしい。甘いです。ほうっておいたら、自分らしく頑張っていれば役が回ってくるなどという考えは通用しません。役は、奪い取るものなのです。

二限目

芝居の基本はセリフにあり

10分ほどの休憩が終わる。生徒たちは、指示を待たずにすでに着席している。納谷と編集者も、録音テープを再生する準備を終えている。そこへ、悠々とした足取りで大塚が戻って来る。

大塚　……待たせたな。

生徒たち　(歓声)

大塚　サービスだよ。

納谷　ははは。サービス精神も、声優の大事な資質ですね。
それじゃ、ここからは、みなさんに事前に提出していただいた音声をひとり分ずつ全員で聞き、大塚さんと僕とで寸評を述べます。同じく提出してもらったレポートのほうに触れないのは、さっき指摘したとおり皆さんの解答の内容にほぼ変わりがなかったためです。これから、みなさんの演技に対してボロくそに言っちゃうとは思いますが……。

生徒たち　よろしくお願いします！

納　谷　こちらこそ。流石にひとりひとり全部聞いていると長いですし、僕らは事前にすべて聞いてきてもいるので、「あーこの人か」とこっちが思い出す程度に、冒頭部分だけ、順番に聞いていきたいと思います。

オーディションでインパクトを残すために

生徒Ａ　23歳の男性。東京都在住。劇団に所属し、演技の勉強をしている。

――生徒Ａの音声、24秒再生

大　塚　うん……まあ、とくに大きな問題はない。「ぼくも今さっき、1分前に着いたところなんだ」。これは隼のセリフだね。さっきも言ったけど、隼というのは、いろんな演り方が考えられるキャラクターだ。もちろん、表現の世界だから「正解」はない。ただ、明らかな不正解というのはある。Aさんの場合、やっちゃいけないことはやっていないから「問題がない」。

しかし残念だけど、演技の世界は、「問題がない」だけで選ばれるわけではないんだよね。「こりゃ全然違うだろう」ってことは確かにやっていないけど、それだけだから、何かインパクトがほしい。君は演技に関して、何か勉強したり教えてもらったりしているのかな。

生徒A　はい、劇団の養成所で、お芝居の勉強をしています。

大塚　じゃあ、これからオーディションなんかも受けるだろう。この場をオーディションだと考えたら、やっぱりどこか引っかかるやつじゃないといけない。とくにトップバッターなんて、普通に演ると忘れられてしまう。何か強い印象を残して、自分のあとにそれほど印象深くない人が続いたときになって初めて「さっきの1番のやつインパクトあったな」、「もういっぺん聞いてみよう」となったりするんだから。

例えば、「ちょうどだね」というセリフがある。これまでウェブでしか会ったことがなかったメンバーの初集合の場面だね。ここで走って来た大樹に発せられる「ちょうどだね」からは、色んな意味合いがとれる。「時間バッチリだね」はもちろんだけど、もしかしたら「ギリギリじゃん、ダメじゃん」という可能性もある。インパクトを残すということを目的にした場合、選ぶ人が少なそうな演技を敢えてチョイスするというのも作戦のひとつだ。

だいたいオーディションなんてね、上手いか下手かなんて極論、どうでもいいんだよ。新人声優として受けに来てる時点で、実力に大した差はないんだから。じゃあ何が大事かと言うと、可能性を感じるか否か。自分が台本から得た情報をもとに芝居をつくって、審査員に思い切りぶつける。

それさえできていれば、落ちたって気にすることは何もない。下手だって烙印(らくいん)を押されたとも思わなくていい。だから、大きく、大きく大きくやってみること。下手だと思われたくない。高評価されたいと思った時点で硬くなっちゃうから。だから、伸び伸びやろう。

生徒A　ありがとうございます!

生徒B　21歳の男性。神奈川県在住。学生。

――生徒Bの音声、21秒再生

大塚　これは全然違うね。なぜかっていうと、Bさんが分析した隼は「落ち着いた印象の19歳、大学2年生。大樹とはベクトルの違う引きこもり。外に出たがらないが人付き合いが苦手ではない。常に他人のことを気にかけた思いやりにあふれた言動をとることが多い」、とある。でもね、どれひとつ、この、自分で分析した隼の人間像と今のセリフとが重なってこない。落ち着いた印象を私たちは一切受けなかった。なんでそうなる？

生徒B　……技術が足りないからだと思います。

大塚　そういうことだね。「落ち着いた印象の19歳」は、今のようにはならないはずなんだ。「僕や大樹は違うんだよ。涼香みたいなタイプじゃないんだよ」。これは「なんで？　別に普通じゃん」と言った、涼香に対するセリフだよね。ここで語気を強めて、「ぼくや大樹は違うんだよっ！」と演ってしまうと、落ち着いた、思いやりに溢れた感じは出ない。

生徒B　はい。

大塚　これが、「思っていることとやっていることの違い」になってしまうんだ。「僕はそう思って演じました！」っていくら言っても、やっていることが違う。これでは、残念ながらお金はもらえない。自分では適切な音を出したつもりでも、受け取る側にそう聞こえていなかったら意味がない。自分の思ったように演ればいいというのは、思った通りにできる人の話。思った通りにできないのに上手く思われたいなんて思うと、余計ダメになってしまう。

納谷　僕からも言わせてください。大樹のキャラクター作りもそうです。「人見知り」という分析をされているわりには、人見知り感がなかった。

大塚　何を隠そうこの納谷僚介自身が人見知りですからね。人見知りにはちょっとうるさいですよ（笑い）。僚介は本来は人見知りなんだけど、それじゃ仕事ができないから敢えてグイグイと前に出ていっているんです。でも私から見ると、決して好んでやっていないのがよくわかる。

納谷　仰るとおりです。「仕方ない、行くぞ！」という気持ちでやっております。

大塚　気付いてない人も多いと思うけど、目のいい人から見ればわかるんだよ。人間観察をして引き出しを増やすっていうのは、こういうことなんだ。もし私が「本当は人見知りだけど、無理して前に出ていく役」を演ることになったら、「納谷僚介ならどうするか」をまず最初に考える。

だから、自分の身の回りの人間をよく観察しましょう。ステレオタイプな人でも、ちょっと変わった人でもいいんだけど。周囲の人を芝居の引き出しに入れておくとラクです。コピーしやすいから。

そういう意味でも是非、人付き合いはしたほうがいい。だいたい声優になりたいって人は、人見知りが多いのだけど。でも実は役者って、人見知りじゃ始まらないんだよ。

納谷　僕は人見知りです。人前でしゃべったりするのは、本当は好きじゃない。やらなくて済むのならしたくない。役者にはなれないですね。

大塚　ははは。

納谷　読み取った人物像と演技が合っていないのは、技術というよりやっぱり引き出しの問題だと思います。落ち着いた人はそんなに速くは喋らないし、そんなに強くも喋らない。人見知りだと言っているのに、相手を探る間が全然ないのも違和感があります。基本パターンにハメ過ぎるのはあんまりよくないけど、そこから離れるのは、まず基本ができてからなので。

　ちゃんと人付き合いをして、よくよく人を観察して、こっそりと芸の肥やしを増やしていくのが大事です。若い子はみんな本当にこれができていない。そして、みんなができてないってことは、やればそれだけで突出できるってことでもあります。ぜひやってください。

大塚　例えば落ち着いた役なら、出す音色をどうしたらいいか。単純に言えば、音源を下げれば下げるほど、落ち着いた感じが出る。これを西洋ではディープボイスって言うんだけど。

　自分の体をどう操作して、どこを音源にするとどういう音が鳴るのかを把握するのは大切なことです。これは、トレーニングで可能になります。お風呂に入ってるときでもいいから、毎日訓練する。とにかくやってみな、きっと見えてくるものがある。

納谷　具体的に言うと、大塚さんにはどういうものが見えていますか？

大塚　たとえば、人の力の入れ方とかね。ご存じの通り、私はスティーブン・セガールの吹き替えをたくさん担当しているんだけど、彼は面白い役者でね。彼って、アクション映画で戦いのシーンを演じることが多いだろう。でも、彼はいざ戦いが始まるってときに、全然緊張していないんだよ。なんでかと言えば、「絶対に自分が勝つ」という確信があるから。構えすぎるとかえって動けないから、ちょっと弛緩して、どの方向にも動ける重心にしている。体の力が抜けてるってことは、声も力むわけがない。私が彼を演じるときに、力んだ音を出したらセガールの味は出ないというわけだね。細かい技術の蓄積があると、こういうところまで見ていけるようになる。

納谷　声が、人にどういう印象を与えているかは、勉強するといいと思います。例えば僕の声って、男としてはちょっと高いですよね。こういう声質って、大塚さんが言うところの落ち着いた人の声には聞こえないはずなんです。

大塚　甲高くはないんだけどね。

納谷　軽いと言った方がいいかな。どちらにしろ、パッと耳にする限りでは、軽薄な人、与しやすい人というふうに思われやすくて、説得力みたいなものは正直低いんです。でも、この声で得をするか損をするかというのは考え方次第です。僕の声、イベント会場なんかでは遠くまで通って妙に耳に残るみたいで、人に覚えてもらいやすいんですよね。これは利点だと思う。あと、気軽に話しかけても大丈夫だと判断されるらしくて話しかけてもらいやすい。これは多分、大塚明夫の声だとできないことなんですよ。低くて強いから。
声優になりたかったら、自分の声の特徴はわかっておいたほうがいいです。そこから、自分以外の人の声と、そこから受ける印象を分析する。それもまた、引き出しになります。僕は役者じゃないから、自分の声の特徴さえ知っていれば充分だけど、役者はそうじゃないからね。

大塚 バイオリンのような弦楽器には、ドとレの間なんかにもいくらでも音があるね。ピアノなんかは、ひとつひとつの音の間に区切りがあるけれども弦にはそれがない。無限のバリエーションがある。バイオリンがもっとも人の声に近い楽器と言われる所以だ。
当然、役者も同じだよ。出せる音が増えれば、それだけ豊かな表現ができるようになる。トレーニングを重ねることによって、ふだん自分が使っていない音、生まれてから一度も使ったことのない音を使えるようになる。使うか使わないかはシチュエーション次第だけど、ストックしておいて損はないからね。まずはトレーニングすること。いいね？

生徒B　はい！

「楽な音」のパターンにハマるな

生徒C　18歳の女性。埼玉県在住。学生。

――生徒Cの音声、38秒再生

大塚　Cさんの分析によると、涼香は明るく元気でよくしゃべる女の子となっているね。うーん、まあ、元気はあるかな。明るいか暗いかで言えば、暗くはない。早口でよくしゃべる感じは出ている。人当たりがいいかっていうとあまりよくないね。ちょっと批判めいてる。なんだか文句の多い女の子に聞こえるな。そこは分析と違った。たぶん、普段からCさんがそういう物言いをしているんじゃないかな。

生徒C　そうだと思います（苦笑い）。

大塚　そこは直したほうがいいかもしれない。これは昔、納谷六朗さんから聞いた言葉なんだけど、「スタジオで暗くしているやつに仕事は来ない」と。スタジオの雰囲気を悪くする人に、みんな仕事はふらないんだ。よっぽどの美人か美男子を除いてね。ちょっと考えれば当たり前だってわかるよね？　元気で明るくてよくしゃべる、人当たりのいいムードメーカーが好まれる。

Cさんの場合、例えば「すぐに慣れるってば」が叱っているように聞こえる。「そのペンシル型のペンダント、いつも身に着けてるけど何が入ってるの」も、なんだか追いつめているようだね。これ、録音したあとに自分で聞いてみた？

生徒C　聞きました。なんだか違うとは思いました。でも、どこが違うのかわからなくて……。

大塚　例えば「こうして直接会って話すのは、ビデオチャットよりも絶対にいいよ」というセリフ。本当に「これはいいものだ」と思って「いいよ！」と言ってあげているわけだから、かなり前向きな気持ちで演じるべきシーンだよね。「そうしたほうが絶対いいと思うよ。あなたのためを思って言ってるの」というニュアンスが伝わってこないといけない。
でも、あなたの言い方だと、とくにその気なく言っているように聞こえてしまう。
こういうときは、まず口角（こうかく）を上げるといい。登場人物と同じように、笑顔でものを言うんです。作品を見ている人たちに、私たちの口の形は見えない。表情も見えない。届くのは音だけ。だけど、そのニュアンスは必ず伝わるんだ。

納谷　Cさん、前半の講演でも、ものすごく真剣な顔で僕たちの話を聞いていましたね。思いつめたような、緊張したような表情だった。多分その表情で録音もしていたんじゃないかな。

生徒C　はい。

納谷　僕はよく、若手の声優さんには「台本に顔を描け」と言ってます。自分のセリフのところに、簡単な顔のイラストを描き込んでおくと、どういう表情で言えばいいかわかりやすいので。スマイルマークだけでも入れておけば、なんとなくそれに引っ張られて演技ができますよ。慣れないうちはぜんぶのセリフに顔を描いたほうがいいと思っています。

大塚　声って、出口である口の大きさや形を変えることで、がらりと印象が変わるものなんだよ。うちの樽助（新垣樽助）いるじゃない？　あれは口がでかいんだよ。声が前に出るから、音がマイクによく乗る。反面、口の小さい私は、マイクに音が乗っかるようになるまでが大変だった。だから「どうせ顔なんて映ってないし」とか「声さえ出ていれば口の形なんてどうでもいい」なんて思ったら大間違い。

まだまだやるべきことが山積みだけど、がんばってください。

生徒C　はい。ありがとうございます。

生徒D　23歳の女性。東京都在住。声優専門学校生。

——生徒Dの音声、40秒再生

大塚　オーソドックスに、できているところはできている。ちょっとアニメ寄りかな。ア

ニメの声優になりたいの？

生徒D　そう思ってます。

大塚　アニメ表現におけるキャラの演じ分けが型としてはそれなりにきれいにできている。ただこれだけだと、今テレビでたくさん流れているアニメの声優の中では埋没してしまうね。ビジュアルに特徴があったりしたら別だけど。

ひとまずこのレベルまでできているなら、次にやるべきことを考えなきゃいけない。「自分がこのキャラクターと同じ立場・心情だったら、どう言うだろう？」ということを、じっくり考えて演じてみるといい。そうすると、そのセリフの本質が、芯が見えてくるから。それさえできれば、あとは現場でどんな指示を受けようと芯がぶれなくなる。Dさんは、私の中ではわりと高評価だよ。

生徒D　ありがとうございます。

大塚　……先生は？

納谷　先生はあなたでしょう！

生徒たち　（笑い）

納谷　僕も大塚さんと同じ意見ですね。なんかサラッと流すみたいで悪いんだけど、それなりにできているなという感想です。じゃ、次行きますか。

生徒E　22歳の男性。大阪府在住。学生。

――生徒Eの音声、31秒再生

大塚　いわゆる〝イケボイス〟を出そうとしていないところは、個人的には好感が持てる。でも、君のセリフは「つけているだけ」、「読んでいるだけ」に聞こえてしまう。自分の心の動きを見られるのが恥ずかしいのかな。自分の心と、十分に対話できていないように感じる。

生徒E　はい。

大塚　例えばペンダントのくだり。少ない文章量であっても、このペンダントに何かがあることは感じとれる。いわゆる伏線だ。だとするならば、ここは絶対、なんとなく演ってしまってはダメなんだよ。「なんとなく着けてるだけだよ」と本当になんとなく言っちゃうと、そこにドラマが生まれない。何かがあるはずだ、と思わせなければいけない。「そんなんじゃない。なんとなく着けてるだけだよ」（語気強めて）と演ることで、「何か人に触れられたくない秘密があるんだな」ということがわかる。埋没するな。馬群に沈むぞ。

生徒E　はい。ありがとうございます。

生徒F　20歳の男性。埼玉県在住。学生。声優専門学校にも通っている。

――生徒Fの音声、32秒再生

大塚　「ぼくも今さっき、1分前に着いたところなんだ」これを、何のために言ってるのかがわからない。このシチュエーションと君の解釈をふまえれば、隼は、大樹が駆けてきて「遅れてゴメンね」って思いでいっぱいなのを見てとったわけだね。だから優しい隼くんとしては、「そんなに気にしなくていいよ。ぼくも今さっき、着いたところなんだ」って大樹に言ってあげたいと思う。その思いがあって初めてこのセリフが出るんだよ。その、セリフが出る前段階を想定していない。「ぼくや大樹は違うんだよ。涼香みたいなタイプじゃないんだよ」「あの辺、何もないよね」これもただセリフを言っているだけになっている。

生徒F　はい。

大塚　セリフを丁寧に読もう。大樹はここでペンダントの話を拒絶して、話題を強引に切り替えているね。そしたらすぐに涼香がそれに乗っかって、「今日の午前中、契約済ませてきたところだよ。曙橋～」と答える。そして大樹は、この曙橋っていう場所についてイメージできるから、「あの辺、何もないよね」と返す。このセリフには「なんで曙橋にしたの?」という疑問が含まれているから、涼香も「家賃が結構安かったんだよね」と説明を重ねていくんだ。

君の「あの辺、何もないよね」ってセリフには、「なんで曙橋にしたの?」という問いかけが入っていない。それだと涼香が「家賃が結構安かったんだよ」と返すためのパスにならない。

生徒F あ……そうですね。

大塚 こういう、芝居の組立を考えるのが演技の基本なんだよ。自分のセリフを受けた相手がどう返すだろうか、ということを考えずに話すと、相手はその芝居を受けにくい。やりにくい。

芝居は、実は自分のセリフだけでできるわけじゃないんだよね。まあ役者をやりたいなんてのは自己主張が始まりなんだから、「相手の話を聞くよりも俺の話を聞け！」って思う人種が役者になりたがるのは確かだよ。でも、実は役者に本当に向いてるのは、人の話を聞けるやつなんだよね。その技術はまだまだだな、君は。

納谷 僕が思ったのは、癖がワンパターンだということですね。特に語尾。「～だよな」「～だよな」「～なんだな」って、全部のセリフが同じ音階でブッツブツッと切れてしまっている。

大塚 うん、ぜんぶそこで終わっちゃうんだよな。

納谷 そう、ケツの回し方がどれも一緒。まあ、Fさんがこれを「いや、これはソーシャルゲームのセリフでしょ」と受け取っているんだとすれば、実はそのやり方は案外アリだったりするんですけどね。

大塚 うん。ていうかそれだと、ブツ切れのセリフを飛ばしている方が良かったりするね。

納谷　ソシャゲだと、たいていの場合はキャラクターはなんの前触れもなく出てくるし、セリフも短いのがポンポンって出てくるだけだから、芝居の前後関係にはあまりとらわれすぎずに、「はい、このキャラクターが出てきましたよー」っていうことだけを表現するのが一番大事なんです。そういう時には、パターンを固定化するというのは案外悪いことではない。まあ、「これはソシャゲかもしれない」だなんて、そこまでひねくれた想像をする人はここにはいないでしょうけど。

生徒たち　（笑い）

納谷　何が言いたいかというと、「ワンパターン」に対する自覚は大事だよ、ということです。これは、性格をとらえようとか、その人の背負っているものを踏まえて演じようとか、そういう技術についても言えることなんですよ。「神経質な人はブツブツボソボソしゃべるから」って、ずーっとブツブツブツブツ言っていたらそれはもう人ではなくなってしまう。それ一辺倒になる、というのは何につけてもよくないんです。

大塚　それはそれで、毎回語尾に「だぴょ～ん！」ってつけているのと同じだからな。

納谷　そうですね。「なんとかなんだニャン」って言っときゃ萌えるだろ、というのと同じようなレベルになってしまう。人は怒るときは声を張るし、悲しいときはゆっくり喋るでしょうけれど、そこは押さえたうえで、あんまり思い込み一辺倒になりすぎないほうが人間の表現はしやすいと思う。芝居はあくまでも、人間を表現するってことですからね。

生徒G　19歳の女性。東京都在住。声優専門学校生。

——生徒Gの音声、1分2秒再生

大塚　うん、私はね、非常に好感を持ちました。なんでかというと、人間が本当に喋っているみたいだから。

生徒G　ありがとうございます。

大塚　誰にも、まずはそこから入ってほしいと思っています。アニメのキャラを自分で想定してそこに当て込んでいくんじゃなくて、自分がその役になって、カメラが回っていてしゃべってるって意識。声優のファーストステップはそこだと思う。あなたが向いている方向は間違っていないと思う。今のままでアニメを演りたいですって主張しても、「また今度。ゴメンな」って言われちゃうけどね。

生徒G　はい。ありがとうございます。

大塚　明るくて社交的っていう感じがよく出ていたよ。負の空気感を感じない。それがね、アニメーション的に言うと、そうだな、例えばユーフォーテーブルがよくやるようなかっこいいアニメにはあまり向いてないかもしれないけど……。

納谷　それって褒めてるんですか？

生徒たち　（笑い）

大塚　フフフ。でもね、絶対にあなたの演じ方は間違っていないと思うよ。そこからこの先を見つけていけばいい。気長に……やってるとおばあちゃんになっちゃうから精進はしてほしいけど、歩んでいる方向を間違えていない以上は、進むべきだとも思う。

人間、だいたいどっちが前かわからなくなって迷走するんですよ。いろんな壁にぶち当たって。迷走している間に、なんだかつまんない小ワザばっかり身につけて、「何だお前」って、俺から見るとそういうことになっちゃう。そうならないためには、今のあなたの方向で、ブレずにやっていくことが大事です。そうすれば、いろんなことが効率よく身についていくんじゃないかな。

納谷　僕も、気持ちよく演じているなと感じました。「こういうキャラクターを演ってやろう」感がないのは確かにいいと思います。「上手いことこのキャラクターを作りあげてやろう」という賢しら（さか）な思いより先に「私はこう演じようと思いました」という気持ちがストレートに出ているところがね。

ひとつ気になったのは、相手のセリフが聞こえないなっていうことでしょうか。本当は相手のセリフが入るはずなので。リズムが一定すぎて、メトロノームでも回しながら喋っているように聞こえる。今のままだと、最初はなんとなく気持ちよく聞こえるけど、だんだん飽きてくるんですよ。一定の速度でずーっとしゃべり続ける人間っていないから、リズムが一定なのは気になったかな。まあ、これはもう一段階上の話ですけどね。一人で喋っているわけだからある程度は仕方がないし。

大塚　私のメモにはね、「好感が持てる。下手」って書いてあるんだ。でも下手だっていいんだよ。上手くなればいい。上手くたって好感が持てないことの方が困る。上手い、でも好感が持てない。これはダメなんだ。その反対だから、自信持ちな。

納谷　マネージャーから見てもそれはありますね。「上手いけど売りたくない」やつと、「下手だけど何とかしてやりてえな」って子。大塚さんが『声優魂』でも書いていましたけど、人に好感を持たれるっていうのは大事なことだと思います。というかそれが全てって言っても過言ではないかもしれない。はい、では次Hさん。

生徒H　24歳の女性。神奈川県在住。3年ほど声優養成所に通っている。

――生徒Hの音声、1分12秒再生

大塚　うーん。ダメな半プロみたいだね。素人離れはしている。じゃあいざ仕事ができるかというと、ダメだろうなあって感じだ。
あなたは多分、セリフを放つときの第一声の音を、だいたい自分の出しやすい音、得意な音にしていると思う。これの何がいけないか。言葉の頭がいつも同じ高さのキーで出るとね、聞いている側は、文章の意味がどんどんわからなくなっていくんだよ。眠くなっちゃう。

まあ、人間がいきなり長い文章を読めって言われたらそうなるのは当たり前の話で、わかるんだけどね。でもセリフである以上、聴く人の耳から脳に入っていきやすい音を選ばなければいけない。これができるのがプロです。だからあなたは、現場では通用しない。素人離れしているんだけど、プロとしてはダメなレベルに留まっている。だから、一流だって自分が思う人の声を、よーく聞いてみよう。上手にまとめようという意識も不必要なものではないけれど、それと同時に、もっとシンプルに塊ごと前に置くような、そんなつもりで言葉を放ってみたらどうだろう。そうするとね、人物に立体感が出てくるんです。

あなたは素人離れしてるぶん、それなりのレベルでセリフを発するためのパターンをなんとなく作っている。でもそれが一種類しかない。だから、「私は15分も前に着いてたのに。みんな遅いよ」「なんで？　別に普通じゃん」「もう何度も顔を合わせるんだし」「すぐに慣れるってば」（ワンパターンな口調で）って具合に、どのセリフも同じような調子なんだ。「家賃が結構安かったんだよね」ここの出だしの音だけがちょっと低くなっていて、「やっと変わった」って思ったんだけど。

納谷　そうですね。淡々としすぎている、というのが僕の感想です。ある意味、さっきのFさんと一緒ですね。「こういうセリフだったらこう言うでしょ」っていうコードをそのまま演じてくれているから、ゲームだったら使いやすいです。でもそれだけ、という具合になっている。

あとは、前後関係の読み方が足りない感じですね。例えば「曙橋から7分くらいでどうのこうの」って文章にはありますよね。この、数字とか距離とかが出てくると、そこって伝えないといけないワードだなって人は感覚的に思ってしまう癖があるんです。でも、「たぶん7分くらい」っていっても、この話ではその「7分」というワードには何の意味もありませんね。だからサラッと流せばいいところを、なんとなく数字だから「ここは伝えねばならぬポイントである」というふうに判断しているように聞こえます。ここを立てたい気持ちはわからないでもないですが、前後を考えたら明らかにいらない強調です。意味を持たさなくていい言葉というのも存在しますからね。

大塚　そこに余計に意味を持たせると、かえってわからなくなっちゃう。

納谷　演っているのが推理ものかなにかで、実はその7分間にすごい意味があって、あとでそれが事件のトリックとかに繋がってくる、というのだったらわかりますけどね。まずは全体の流れをとらえて、どこに物語の要点があるかを考えた上で、ひとつひとつのセリフを読む癖をつけたほうがいいんじゃないかなと思いました。

大塚　言葉のどれもこれもを強調しても、それだけでは相手に伝わるものは増えない。というよりも、相手の解釈の余地が増えない。……言葉ってね、出したそのときにはじめて命を宿すものなんです。出す前より、出したあとの方がずっと大きなものを背負う。言霊（ことだま）って言葉があるけれど、それは本当にあるものだと思う。

例えば「殺す」って言葉がある。その「殺す」って言葉を、自分の内から出して人に向けるとするね。「殺す！」（激昂（げきこう）気味に）って言い方もあるし「殺す！」（押し殺して）って言い方もあるし「殺す」（淡々と）って言い方もある。でもさ、一番不気味なのって、無表情に「コ・ロ・ス」、と音をポツポツって置いてやることだったりするでしょう。それって不思議なことだけど、やっぱり言霊なんだよ。聞いている側がそこに、より大きな意味づけをするんだね。

だから、「そのペンシル型のペンダント、やっぱりいつも身に着けてるんだね」「実物の大樹って、画面を通すよりもさらにチャラチャラしてる感じ」「ペンシルの中に何か入れてるのかな？」……これらのセリフも、もうちょっと抑揚（よくよう）を押さえて言ってみてもいい。その結果、聞いている人のイメージで意地悪にも、優しくも聞こえると思います。でも、「そのペンシル型のペンダント、やっぱりいつも身に着けてるんだねっ！」（前のめり気味に）っていうよりも、この方が確実に人に何かが伝わるんですよ。

なぜなら、聴く人に解釈の余地を与えるから。言っていることの意味がすっと入ってくるから、あとはその記号を自分なりに感じてくれる。つまり、自分の見せたい感情を、あえて抑えることで人に感じさせる方法というのがあるんです。あなたの場合、そういう部分を研究していくといいんじゃないかと思いました。

生徒H　はい。ありがとうございます。

声優生存戦略コラム②

確率を高める戦略と、ヒマな時間の使い方

若い声優に今後どうしたいのかを聴くと、ほとんどの人が「売れたい、スターになりたい」と言います。当たり前ですよね。誰でも、職業を選んだからには、その仕事でご飯を食べて行きたいし、華やかな世界に飛び込んだからには、スポットライトを浴びたいですから。

では、もう少し突っ込んで、そのために何が必要かを問うと、みんな途端に口ごもってしまいます。目標が明確でないため、戦略を逆算して立てることができないのです。

例えば、ある若手女性声優さんの目標が「お姫様系ヒロインの役をやること」だとしましょう。みんなに愛されるかわいいお姫様の役をやれる日を夢見て、日々レッスンに精を出しています。養成所から与えられたカリキュラムをしっかりとこなし、毎日「今日もすごく頑張った！」と満足しながら眠りにつきます。充実した日々です。

この人は、いつか自分の望む役を得ることができるでしょうか。みなさんはどう思いますか？　僕は、まことに残念ながら、このまま自己満足の努力を続けたとしても、この人

が望む未来を手に入れる可能性は低いと考えます。頑張っていないからではありません。戦略がないからです。

ご存じの通り、ヒロインは一作に一人しかいない貴重な役柄のうえ、「お姫様系ヒロインと言えばこの人」という声優さんが、ベテランから若手まですでに沢山いらっしゃいます。あなたも、ぱっと頭に浮かぶ方がいらっしゃるのではないでしょうか？　才能も運もあって努力もしている人たちがすでに大勢、「お姫様系ヒロイン」の列に並んでらっしゃるのです。一番後ろに付けても、自分の番が来た頃にはおばあちゃんです。なんとかして、この列に割り込まなければいけません。幸か不幸か、割り込みが奨励されている世界ではありますが……あなたなら、何を武器に割り込みますか？

演技力ですか？　演技力を挙げる人、実はすごく多いです。一番真っ当な選択肢のようで、実は危険な選択。なぜなら演技力には、絶対的な基準がないからです。ある一定のレベルまでは全員一致で上手い下手を判定できますが、基準点を超えたところで、プロの中でも意見が分かれていきます。

僕は「人気」や「トーク」のような、比較的基準が明確な種目で戦うことをおすすめします。例えば「人気」なら、「YouTubeで100万回再生を目指そう」、「単独イベントで武道館いっぱいにしよう」と考えることができますし、「トーク」なら「FMで番組を持てるようにしよう」と明確に目標を立てることができます。

目標が決まれば、あとは逆算です。100万回再生獲得のために、まずは人気YouTuberの動画を観まくって共通点を探そうとか、YouTube配信に力を入れているプロデューサーさんに積極的に売り込もうとか、戦略を立てて動くことができます。目標通り人気のYouTuberになったころには、列のかなり前の方に潜り込めているはずです。少なくとも、闇雲に「演技派」を目指すよりは、望んだ役を獲得できる可能性は高いと思います。

確率と言えば、僕はうちの若手に「ヒマな時間があったら、確率の高まる事をしておくといいよ」と伝えています。家でテレビを観るにしても、ワイドショーよりはアニメを観ていた方が仕事につながる確率が高いですし、何かしらのエッセンスを獲得できる可能性があるという意味では、話題のドラマやバラエティを観るのもいいかもしれません。

バイトをするにしても、工場や倉庫で働くよりは、コンビニや飲食店の方がいいです。人に会う可能性があるから。接客をほめてくれた人がたまたま大監督だったなんてことが、起こらないとは言えません。飲食店で言えば、いっそユーフォーテーブルカフェで働かせてもらうのもいいですね。業界の人、絶対に来ます。あと、やればいいのにと僕がよく言っているのは、アニメ制作会社のバイトです。これも確実に、業界との接点を作ることができます。きっかけがなんであれ、仲良くなったら端役で使ってもらえる可能性は十分にあります。ズルをしているような気になりますか？　確かに、演技を学び。その演技を認められて役を得る。これは大変、美しい形だと思います。それでやっていけるのならば素晴らしいと思います。でも、人生は一度です。その美しさを追求してうまくいかなかった時に、あなたは本当に後悔しませんか？

生活は選択の連続。その選び方次第で幸運に巡り会う確率を、ある程度操作することができます。突拍子もない話ですが「潜水艦乗りに行かない？」と言われたら、面倒くさいと思わず行って、その経験をした人にしかわからないエピソードをひとつ持ち帰る。もしかしたら翌月、潜水艦が絡む作品のオーディションがあるかもしれないじゃないですか。そのとき、「私、こないだ潜水艦乗ったんですよ！　知ってます、すごく独特の臭いがするんです！」と言えれば、その勝負は勝ちなのです。

三限目

上手な素人から抜けだせない声優の卵たちへ

文章に書かれていないものを読む

生徒I　21歳の女性。滋賀県在住。学生。大阪の養成所まで毎週レッスンに通っている。

――生徒Iの音声、1分4秒再生

大塚　はい。なんて意地悪な涼香だろうね（笑い）。あなたの分析にはそう書いてないいよ。「なんでも素直に言うからみんなから怖がられる、嫌われるタイプ」ってなってるよ。どうしたの。何でこんなに分析とずれちゃうの？「ペンダントの話を切り替えたときも、何気なく聞いてほしくないことだと察してすぐに自分で話を変えていく」。ここまでわかっているのに、そのシーンでの発している音が全然変わらない。技術のポイントはそこにあるよ。

あなたの涼香は、相手の意図を察する子なんでしょう。「そんなんじゃない、なんとなく着けてるだけだよ。それより涼香、住まいは見つかったのか？」、この流れで、それまでと同じ調子で「今日の午前中」……。これじゃあ、「あ、これは触れちゃいけない話なんだ」と判断して切り替えたようには聞こえないよな。そこは、パッと違う音を出してほしい。

それがキャッチボールだし、セリフなんだ。これ、分析は分析、セリフはセリフって分けて考えた？

生徒Ｉ　分けて考えてはないです。あの、私、演技がすごく好きなんですけど、苦手なんです。作らないように演じようと思ってはいました。だけどなんか違うんです。自分で聞いて、何回もそう思いました。でも、どこがどういうふうに違うのか全然わからなくて。

大塚　多分君たちみんながそうだろう。一人読みのときは、人が球を放ってくれないからな。こういう場合は、相手役のセリフを読んで、それを自分で自分の心、意識的に刺していかなきゃダメだ。そうすることで、出る音は変わってくる。

「こんなひどいこと言われたらこうなるよね」とかさ、「こんな優しいこと言われたら泣いちゃうよね」とか、いろいろあるでしょう、人のセリフに対して感じることは。そこは想像で補うしかない。そして、それを意識するだけでもずいぶん演技は変わると思う。

君も今までの子たちと同じで、出る音がいつも一緒だね。出る音が同じなのは、実は素人の特徴なんです。自分の声の、一番かっこいいと思い込んでいる音階で勝手にしゃべり出してしまう。でも、その時点でセリフに雑念が入っているから、声がツールとして万全に役割を果たさないんだ。

　会話の中で相手がセリフを放ってきたら、それに対して返事をどんどん積んでいくのが普通の会話です。でも、相手のセリフにただ返事をするだけでは足りないポイントもあるはずだ。さっきの涼香のセリフもそうだね。ただホイホイと返すだけでは言葉の持つ力が音の波に埋もれてしまう。そして、ここは埋もれさせてしまってはいけないセリフなんだよ。。

　相手がこう演じたのに対し、どうしても自分はこう返したい。ただ返事をするだけじゃなくてセリフの音を立てて、聞いている人にその意味を感じてほしい……。そう思ったら、やるべきことはいろいろある。たとえば休符を付けるとかね。ちょっと休符を置いて、間を作ってから出ると、音が立ってくる。チャールズ・ブロンソンのセリフみたいなもんだよ。って、今の子たちはチャールズ・ブロンソンなんて古い俳優はわからないか。私の父がよく吹き替えをしていた名優なんですがね。

　セリフは、基本的には演じる者同士がカードのように上に積んでいくものだと考えていい。でも、ただお互いに乗せ合いっこするだけでは物語にならない。ここは覚えておこう。

相手役がいないと「返し方」のバリエーションを考えられない、というのは君たちのレベルでは仕方のないことだけど、そこを想像力で補う力も役者には必要だ。そこで「相手がいないから」となんとなくセリフを読んでいるだけでは、いつも同じ音でしゃべり出す素人のレベルから抜け出せない。そこはみんな、等しく気をつけてください。

生徒たち　はい！

納谷　Iさんの録音を聞いて僕が気になったのは、「きれいに喋ろうとしすぎ」ってことですね。きれいに喋ろうとしすぎて、なんの印象も残らないセリフになってしまっている。でも実はこれ、みなさん全員にあてはまることです。全員が全員、きれいに喋ろうとしすぎなんです。もちろん、声優になりたい人向けの講演で、声優事務所の社長とベテラン声優相手に送る録音ですから、そうなって当然といえば当然なんですけどね。嚙(か)まないようにとか言い間違えないようにとか、いろいろ考えて緊張もすると思う。でも、その意識だけが先行するとセリフが死んでしまう、ということはちゃんと知ってください。というよりも感じてください。

伝えたい内容を何も考えずに、ただハキハキきれいにしゃべるとどうなるか。逆に頭に入ってこないし、何を言っているかよくわからなくなります。みなさんは、結構それに近い状態になっている。「絶対とちっちゃいけないんだ、全部の音をきれいに出さないといけないんだ」って思いながら喋っていることがヒシヒシと伝わってくる。でもそれって役者の状態であって、登場人物の状態ではないよね。

例えば僕ってそんなに滑舌がいいわけじゃないんです。声は比較的通る方だけど、ゆっくりきれいに、俳優みたいにはしゃべってはいません。普通にしゃべってるだけです。でもじゃあ、みなさん僕の言っていることが理解できないかといったら、理解できていますよね？　僕にはみなさんに伝えたいことがあって、それを伝えるためのツールとして言葉を吐いている。聞き苦しくちゃあ迷惑だから、それなりに言葉遣いも考えるし、聞き取りやすいようにとは思うけど、でも「きれいに話そう！」ってことばかり考えてはいません。多分僕がそればっかり考えてしゃべっていたら、逆にみなさんは僕の言葉が頭に入ってこないと思う。「なんかハキハキ喋る人だな……」って思っておしまいになっちゃう。

僕は映画やアニメの音撮りの現場でディレクターをすることもあるわけですが、ほんのちょっと音が潰れたとか、その程度だったらOKを出すこともあります。重要なシーンの重要なセリフだとそれができないこともあるし、演技自体はきちんと成立していることが前提ですけど、むしろ「このくらいの方が自然に聞こえるな」って思うこともある。僕みたいな判断をする人って、実は業界にはけっこういますよ。本当に全部の音を完璧に発する人って、日常生活で滅多に出会わないでしょう。

大塚　話すことを生業（なりわい）にしている人は別としてね。

納谷　きれいにしゃべろうとか、失敗しないように噛まないようにとか思った瞬間に、セリフには「演じ手の気持ち」が強く出ちゃうんです。キャラクターの気持ちを考えてはいても、何かが変わっちゃって、隼や涼香ではなく、「失敗しないように気をつけながら喋っているAさんBさん」の色味が濃くなる。そうすると、ある種のインチキ臭いしゃべり方になってしまうんです。だから、ある意味みなさん、失敗せずに喋り終えてはいるものの、ちょっと違うな、という印象を僕らに与えてしまっている。

　プロの声優は、失敗しないことが前提なんです。そこは技術の蓄積で「できて当たり前」になっている。そこに到達することが、まずは必要ですね。

大塚　まあ、君たちは素人だから、そこまでいっていなくても当たり前ではある。そこから脱却していこう、と意識できるようになるだけでもだいぶ変化があるはずだよ。

生徒　はい！

生徒Ｊ　23歳の女性。兵庫県在住。会社員。養成所にも通っている。

――生徒Ｊの音声、56秒再生

大塚　うーん……いいんじゃないの、とは思う。でも、君の分析に書いてあるような「思いやりがあるキャラ」のセリフには聞こえないな。ただあけっぴろげに自分のことを言う、そしてその結果どうなろうがあんまり興味ないっていう感じに聞こえるんだ。「部屋が汚くても平気！」みたいな、そっちの方向。ただ、悪気があって言っているんじゃないんだろうな、というのも伝わってくるんだ。その雰囲気は悪くないよ。私は嫌いじゃないです。

アニメではなく洋画の吹き替えをやる人には、君みたいな人がいるかもしれない。洋画って、よく出てくるじゃない。美人どころではなくて、太っちょやなんかで、性格もサバサバしているようなちょっと三の線のサブキャラクター。あんまり人の目を気にしていないけど人はいい、みたいな。もしかして自分がそういう性格なんじゃない？

生徒J　気は遣いますけど、サバサバしているとはよく言われます。

大塚　うん、君の演技からは、悪気がないっていうのがとことん伝わってくるんだよ。ただ、その演技の中にうっすらとした毒を入れられるような技術も、もし声優になりたいのなら必要なんだ。今回の役にも必要だよね。ただ、今はまだ技術がないから、それができていない。

なんでできないかを具体的に言うと、まず、言葉の端々まで気が回っていないから。でもここが大事なんだ。とくに語尾は大切で、語尾をスっと優しく渡してやるだけで、セリフをくらったほうの印象ががらりと変わる。

たとえばそうだな……「ちょっと待てえ！（大声で）ここでお前を通すわけにはいかん、

なぁ……（小声）」って聞いたらどう。ふふ、最初は語気にびっくりしたね。でも、語尾を聞いたところで「ああ、なんだ……」って思ったでしょ。逆も然り。ということは、語尾を乱雑に扱ってしまうと、セリフとセリフの繋がりが悪くなるんだ。そうすると、とても自分勝手な人に見えてしまう。そういうところをまずは気を付けるように。相手の気持ちに立って、語尾までちゃんと発音する。

あとはまあ、セリフの導入部分、入り方だね。セリフからは、必ず「自分は今こんな状態で、こんなことを思っているんだ」という言外の主張を読み取ることができる。「それに対して君はどう思っている？」という問いかけも含まれている。台本に書いてなくても、それは読めるものなんだ。それに対して、「ああこの人はこう思っているんだ。なら自分はこの部分から入って、こういうものを返してあげよう」って考えて、実行できるのがきっと思いやりのある人のセリフなんだよ。

声優が本当に気を付けるべきところというのはそこなんです。文章に書いていないものをいかに読み取れるか。行と行の間、相手のセリフと自分のセリフの間に何が横たわっているのかってことを、想像して、キャッチするようにしてください。それができれば、きっと演技も変わってくる。

生徒J　はい。ありがとうございました。

納谷　ちなみにJさん、自分で自分の録音を聞きました？

生徒J　はい、聞きました。

納谷　100パーセント……いや、100パーセントは言いすぎかな。ある程度は自分で満足しましたか？

生徒J　そうですね。ある程度は。

納谷　うーん、まあ、ならとくに言うことはないです。僕も大塚さんとほぼ同意見で、Jさんが表現しようとしているところを潰したくはない。ただ、もし今、あなたが「自分的にはこう演じたい」と思っているのにそれができていない、と自分で感じているのならば、僕は「あなたの芝居は大きすぎる」と指摘したと思うんですよね。言うことはない、なんて言っておいて結局説明してるけど。

生徒J　ははは。

納谷　Jさんの声はちょっとハスキーで、面白い素材だと思います。ただ、ここで少し、マネージャー目線の現実的な意見を言わせていただくと、ここまで大きなお芝居の仕方は、今の流行りではないんですよ。だから、プロとして売っていこうと思うとちょっと厳しいなと感じました。だから僕があなたのマネージャーならそこを直したいと思うでしょう。でも、あなたが今のやり方に満足しているのであれば、それはそれであなたの表現だから、今の時点で潰してしまうのも違うのかもしれない。

ただ、プロとしてやっていくならここはやっぱり少し意識してほしいところなんです。世間に迎合(げいごう)しましょうとは僕は決して言いませんが、それでも「世間の流行やニーズをつかむ」というアクションは商業の世界では大事です。作品の視聴者さんだとか、監督だとか、スポンサーだとか。いろんな人たちの視線と欲求の中で声優さんたちは商売をするんですよ。だから、講義の最初にも言った「売れている人」になりたかったら、ある程度世間の流行りには乗っからなくちゃいけない。あえて乗っからないのであっても、全体像をつかんで、利用する力を持っていなければいけない。それを意識したほうが、あなたの場合は好まれやすくなるかなと思います。僕は今のまま伸びてくれる方が嬉しいから、ちょっと言いづらいんだけどね。

生徒J　ありがとうございます。

深夜アニメに出て、すぐに消えていく人たち

生徒K　21歳の女性。京都府在住。声優専門学校卒。

——生徒Kの音声、1分6秒再生

大塚　うん、素人だな（笑い）。いや、素人なんだから当たり前だけどさ。どこかの学校で勉強していたくちだね。

生徒K　はい、専門学校に通っていました。

大塚　悪くないんだよ。悪くない。声も前に出ているし、音圧もある。でも……読めてはいない。君のセリフが作り上げたキャラクターの像には立体感がないんだ。ちょっといじればよくなるんだろうなとは思うんだけど。「努力している。普段から明るく前向きでチャレンジ精神旺盛、観察力の持ち主、全く緊張していない」……これが君の、涼香の分析だね。うん、分析から大きく外れてはいない。ワクワク感は伝わってきた。でも立体感があまりにないし、そこに相手役が見えない。どうしてだろう？

生徒K　えっと、マイクで録るときに、そのマイクを通した向こう側の相手を想像しきれてなかったからかなって思います。

大塚　うん。ここで他のひとたちの録音と一緒に聞いて、自分で今、何か発見したことはある？

生徒K　やっぱり、出だしの調子がどれも近いなと思って、ううーんってなりました。

大塚　話している相手との間に、今この瞬間、何が起きたからこの言葉が出てくるのか。それをつかむのが、心情の変化を表現するにあたっては一番大事なことです。性格を表すのであれば、まずは相手へのセリフの投げ方。相手への「渡し方」です。それは、どんな音を出したか、あるいはどんな言葉を使ったかという、一種類の見方で決まるものではない。どんなにキツい言葉でも、渡し方で印象が逆になる場合もあるね。本当に馬鹿にした感じで、きつく「バーカ」って言う場合もあれば、照れた感じで、ちょっと嬉しそうに「バーカ……」って渡す場合もある。この二つって、とれる意味が全然違うでしょ。自分はこういう音が得意だからなんとなくこんな感じ、って漫然と演るんじゃなくて、もっと具体的に、言葉というツールをどう使いこなすかってことが肝心ですから。その辺をもう少し、練習しような。

生徒K　はいっ。

大塚　もったいないよ。せっかく、口も開いて、声も前に出てるんだから。この先は、「バーカ」（囁（ささや）く）って言えるようなレベルを目指して。

生徒K　ありがとうございます！

納谷　僕ね、今回聞いた中で唯一、あなたのメモにだけ「きれいな声」って書きました。そう、きれいな声なんですよ。だけど、それがイコール高い評価かといったらそうでもないです。声優さんや役者さんを目指しているということは、誰だって多かれ少なかれ自分の声や演技に自信があるだろうし、普通に比べたらきれいな声だったり、かっこいい声だったりする割合は高いので。ひとかけらの自信もなかったらそもそもやらないと思うしね。だから、きれいな声であるということや、そこに自覚があるということは別に悪いことではありません。ただし、「きれいな声」一辺倒（いっぺんとう）だと芸を感じない。

こういう言い方はきつく聞こえるかもしれませんが、あなたの録音は、今のままだと、「私のきれいな声のサンプル集」に聞こえます。「私の、怒ったときのきれいな声を聞いてください」「笑ったときのきれいな声を聞いてください」みたいな感じです。ボイスサンプルにすらなっていない。

あ、みなさん、「声優のボイスサンプルってそういうものでしょ?」って思っているかもしれませんけど、違いますよ。ボイスサンプルというのは、その人の役者としての表現の幅を見せるためのものですからね。そこは勘違いしないように。Kさんの録音は逆で、「私はこういうパターンの声を出すひとです」って印象になってしまっている。きれいな声をしているだけにもったいないと思いました。もっとKさんという人間の幅を見せてほしいですね。

生徒L　24歳の男性。東京都在住。声優養成所所属。

——生徒Lの音声、49秒再生

大塚　フフッ。いやあ、上手だね。うん。こういう人が深夜のアニメに出て、そしてどんどん消えていくんだよな。

生徒L　……。

大塚　君はどうしたい？

生徒L　もっとナチュラルに演じてみたいです。今のままではダメだなって……。

大塚　そうだ。今の場所から一歩抜けないとだめだよ。だって、みんなと同じことをやってたって、みんなの中に埋もれていくだけなんだから。ビジュアルがうんとかっこよかったら売れるかもしれないけど、君は別にそうじゃないよな。アイドルみたいにきれいな顔してるわけじゃない。じゃあ何が君の売りなんだ？

生徒L　（長い沈黙）思いつかないです。

大塚　うん。君の芝居は、それを隠そうとするものではなかった。だからセリフを言う上で、嘘はついていないと思うんだ。キャラクターの分析もできているし、その分析した通りに上手に演じてもいる。でもね、飾りが多すぎる。

生徒L　はい。

大塚　聞いている方は辟易（へきえき）しちゃうよ。これでずーっとやられたらさ。『声優魂』でも散々書いたことだけど、ちょっと演じるのが得意だという意識があると、すぐに飾りを付けたくなるものなんだ。自信のある人間はね。俺はこんなのも持ってる、こんなこともできる、って全ての箇所で主張しようとする。でもね、そういう飾りを付ければ付けるほど、かえって上手いとは思われなくなるものなんだ。なぜか？　セリフが届かなくなるからだよ。

言葉が飾りにまみれると、それぞれのセリフが、「俺って上手いでしょ」というアピールになってしまう。「上手いでしょ」と主張されれば、聞き手としてはまあ、「上手だねえ」と返すことはできるよ。でも、本当にその物語に感じ入り、そこに立ったキャラクターに愛情を抱くことはできない。君がこれからするべきなのは、そういう余計な飾りを取って、どんどん取って、自分を削いでいくことじゃないかな。

生徒Ｌ　はい。

大塚　今の君の喋り方だと、「アニメに出てくるイケメンってこんな感じだよな」っていうイメージの模倣でしかない。挨拶の「やあ」ひとつとっても、「ィえあ……」って妙に溜めたり、妙にかすらせたりしているだろう。でもさ、現実世界に、そんなふうにしゃべる奴はいないよ。そんな風にしゃべってる男の子がいたら君どう思う？　バカじゃないかって思うだろ。そんな奴はいねえんだから、普通に「やあ」って言えばいいんだよ。まずはそこからなんだ。

アニメだということを想定するからそういう芝居になっちゃうんだろうけどさ。でも、実はアニメだってそんなことはないんだよ。優れた役者は、既存のアニメから得たイメージだけでセリフを読むことは決してない。私だって、そんなセリフのつくり方をしたことは一度もない。「アニメっぽく演じないとアニメの世界では生きていけない」って思うかもしれないけど、私はご覧の通り生き延びている。そこに、演じるということの秘密があると思う。君、このままだと馬群に沈むぞ。刺してこれねえぞ。

納谷　僕はあなたの録音について、「かっこよく話そうとしすぎ」とメモしていますね。まあ、僕が言いたいのは大塚さんのおっしゃってくれたことと同じです。深夜4時ぐらいのテンションで聞いてメモしたんだろうな。

大塚　私とちょうど同じくらいの時間だ。

納谷　お互い夜更（よふ）かしですね。

「愛嬌」は最大の武器である

生徒M　22歳の男性。東京都在住。声優養成所所属。

——生徒Mの音声、1分0秒再生

大塚　うん、解釈は悪くないよ。君の分析を見たら、隼について「落ち着きがある」とは

書いていないね。落ち着きを作らずに演じる、というところに「お、なんかアリだな」と思えた。大樹の葛藤が現れている、ペンダントに対しての反応も悪くない。「それより涼香、住まいは見つかったのか？」ここの話題の切り替え方もとても良かった。「じゃあ、俺たちと会ってる場合じゃないだろう」「色々準備があるはずだ」この辺のセリフにも、涼香の明るさに対するひがみみたいな感じが少しだけど出ていて、全体的に悪くはないんだな。
もうちょっと若くて二枚目の役の方が合っていたかなと思うけど、センス自体は悪くないと思うよ。

生徒M　ありがとうございます。

納谷　僕が気になったのは、セリフが全体的にぼやけて聞こえることですかね……。音質が悪いので、機材とか、録音の仕方がよくなかったという可能性もあるし、そもそもマイクに声を乗っけるのが下手なのかもしれないけど、でも多分、声という楽器の使い方がまだできていないんだと思います。

大塚　うん、君は言葉の切れ味があんまりよくないんだ。ここは、自分の口や喉（のど）の形を自覚して、意識的にカバーしていかないとダメな部分だよ。さっきも言ったけど、私は口が小さいし、あんまり開かないいんだ。そうすると君みたいになりやすいんだよ。だから、聞かせたいところではわっと口を開くとか、そういう色々な小ワザを使っている。君も、そういう小ワザをおいおい自分で研究していってみな。あとね……もう少し笑え。表情に明るさがほしい。

生徒M　（笑い）

納谷　いや、大事なことですよ。

大塚　ホント大事だよ。Cさんの時にも言ったけど。暗くて人見知りだからって表情を出さないでいると、先輩やお客さんはかわいがってくんないんだよ。そしてね、かわいがってもらったやつは得なんだ。男も女も。役者はとくにそう。

納谷　現実的な話として、それが全てと言っても過言ではありません。プロの役者でやろうとする限り、「愛される」ことは不可欠なんです。マネージャーや監督やお客さんといった人たちに、まずは選ばれないと始まらない。そして結局、人間ってなんだかんだ言って自分の好きな人を使うのでね。

大塚　こないだ、うちの養成所から一人、女の子がジュニアに上がってきたんだ。彼女はとてもきれいな顔立ちをしているんだけど、なんかこういつも地味な服を着て、ふてくされた顔をしているのね。

　ちょっと気になったから、ある日「君は、声優っていうのは力さえあれば仕事ができるって思ってるの？」って聞いたんだ。そうしたら彼女は「はい」って言う。やっぱりなと思って、「それは大きな間違いだ」と指摘したら泣かれちゃってね。だけど、この間久しぶりに彼女に会ったら「今は、大塚さんに言われたことの意味がよくわかります」って言っていたよ。結局、力があったって、生意気な役者なんて使いたくないんだよ。人間同士なんだから当然だ。そういう部分も含めて実力なんです。

　いやあ、俺ってよくここまで生きてこられたな。

生徒たち　（笑い）

納谷　そのセリフ、大塚さんが言うとなんの説得力もありませんよ。大塚明夫をして、これだけ説得力のないセリフがあるのかと今僕はあきれています！

大塚　だって本当のことだよ。何度も言うけど、やっぱり周りにかわいがられたほうがいい。なぜかというと、実力があっても、それだけで生き延びられるような世界じゃないから。

みんな、堀内賢雄のことは知ってるよね。彼は僕の2個上で、この世界に入ったのは私よりちょっと早いんだ。つまり先輩だったわけ。彼はなかなか愛嬌がある人でね。周りの人にかわいがられるタイプだった。で、私はご存じの通りこんな風（笑い）。

彼は、仕事を始めたばかりの頃の私に対して、「こんな生意気で、とんがってて、ぶっきらぼうな奴が仕事になるわけないじゃん。バカじゃねえの？」って思っていたらしいんだ。

一方、私は私で「こんな下手くそな奴入れてきやがって。こんな奴、酒場で先輩に酌してなけりゃあ生きていけるわけがねえんだ」って思っていたんだよ、当時はね。でも、今はお互い50の坂も下り始めて、「おめえはすげえ奴だな……」ってお互いに言い合ってる。

生徒　（爆笑）

大塚　生き残っている者同士として、お互いの凄さがわかるんだよ。かわいがられながら生き延びるのだって大変。かわいがられにくいキャラクターで生き延びていくのは過酷（笑い）。まあ、私は最初っから上手いタイプだったからそんなことができたんだけどさ。堀内さんは、私みたいに最初からある程度完成していたタイプの役者じゃない。でももちろん才能を持っていて、ちゃんと生き延びられるところまで自分を持って行った人です。だからどっちもまだこの世界にいるんだよ。

何が言いたいかというと、そのくらい、生き延びるのは大変だってこと。『声優魂』にも書いたけど、ある程度の領域から先にはどうしても「才能」というチケットが必要になってくるし。でもね、ひとつ言っておくと、努力でたどり着ける最高峰まで行ったら、その人はなかなか消えません。まずはそこにたどり着くことなんだ。

生徒N　22歳の男性。神奈川在住。声優専門学校生。

——生徒Nの音声、40秒再生

大塚　普通にしゃべってもらいたいな。演じなきゃいけない、って想いでいっぱいいっぱいいっぱいになってしまっている。

生徒N　はい。

大塚　セリフの前に息を「ハッ」って吐いてしまうのも、自分の心の内をキープするためにやっているんだと思う。セリフを大切にするためにやっていることだから、その気持ち自体は悪くないよ。ただ、それはマイクに乗せなくていい部分なんだ。乗せるなら乗せるで、よほどずうずうしく、たくらみを持ってやらないとね。私みたいに。

それを無意識的にやってしまうということは、己の気持ちを動かそうと努力していることの表れだと思う。ただ、やっぱりちょっとクセとして強すぎるね。相手がいないから、感情の動きみたいなものを拾えないっていうのもあるんだろうけど、それを埋めようとして、つい不自然に息を吐いてしまってる。
君はね、愛嬌があるんだ。それは魅力のひとつだよ。ただ、それを自分で武器だと思って意図的に使おうとすると、かえって武器に振り回されるからそれはしないこと。そのうえで精進したほうがいい。そうすれば、その愛嬌が生きてくると思う。

納谷　この手の持ち味は人に好かれやすいかなとは思います。賢雄さんタイプです（笑い）。

大塚　セリフはまだまだだけどな。

納谷　散々言ってきていることではありますが、やっぱり調子がワンパターンなんですよね。そこが、聞いていてちょっと辛い。

大塚　想像してみてごらん。30分のアニメで、ずーっとその調子でしゃべっているキャラクターがいたらどう感じる。

生徒N　僕、そのままトイレに駆け込むと思います。

大塚　そう、エンディングまで見るの辛くなっちゃうよね。そういうこと。でも楽しませてもらったよ。本気で演りたいっていうのは伝わってきた。

納谷　では、次のOさんで最後です。

「量産型」にならないために、全てを忘れろ

生徒O　24歳の女性。埼玉県在住。声優養成所所属。

――生徒Oの音声、1分21秒再生」

大塚　後半に入るにつれて、セリフに心が乗らなくなってきたね。最初は元気に跳ねていたんだけど、セリフが長くなってきたとたんに、文章に追っかけられてる感じになっちゃ

った。声は透き通っているのにもったいないね。まあ、文体とかそういうのが自分のリズムに合わないとどうしてもそうなりがちっていうのはあるんだけど。全体的に、完成度、練度は高いです。だけど……だけどがついちゃうんだよな。私も、いちいちこう言わないといけないのがとってもつらいんですよ。……芝居、どこで勉強した？

生徒O　今は、A研究所に通っています。

大塚　東京で？

生徒O　ええと、今は東京に通ってるんですけど、その前は神戸で2年間。

大塚　やっぱりそうなんだな。途中までは良かったよ。ペンダントぐらいまでのところは。でもそのあと、「それより涼香、住まいは見つかったのか？」への返しが平坦になってしまったね。あと、ペンダントの話をしたくないのを察して、触っちゃいけないところを触っちゃってゴメンね。っていう切り替えがやっぱりできていない。話し相手のセリフを受けていない口調なんだ。

生徒O　ペンダントは、なんとなくつけているだけなのか、それとも深い意味があるのかを考えたんですけど、本当になんとなくつけているだけなのかなと思ってしまって。

大塚　そうすると、涼香というキャラクターの性格を踏まえて、どう演っていけばいいのか迷うよね。

生徒O　はい。すごく悩んで、わからなくて、わからないまま演ってしまいました。それが出てしまったと思います。

大塚　出ちゃったな。ではどうすればいいかって言ったらさ、これまでも何度も繰り返しているけど、相手役がいない以上、自分で自分の心に言葉を刺していくしかないんだ。台本の上ではここに何か意味があるはずだと想定して、そこに乗っかっていく。そうすれば自分の芝居もしやすくなるし、相手も絡みやすくなる。それがプロの仕事なんだよ。そういうのがよくわからないうちに仕事をし始めて、便利に使われて、ちょっと歳をとってくるとすぐさま若い子に乗り換えられて、いつの間にか消えていっちゃうっていう例がすごく多いんだよ。そうならないためには、力をつけないと。

生徒O　……はい。

大塚　それが身を守るとまでは言わないけどね。若い新人役者というだけで、業界の人間に強く出られることってあるじゃない。それって要するにパワハラだよな。「俺を立ててりゃ仕事やるぞ」「俺に逆らうんだったら仕事やらないぞ」って。脅(おど)しみたいなもんだと思う。今でもそういうのちょっとあるらしいから、私は非常に腹立たしく思っているんだけど。でもさ、役者としてかわいがられることが必要でも、そういうパワハラを恐れて必要以上にヘコヘコする必要ないんだよ。「こんなモブみたいな役、いくらもらったって嬉しくないんだよ私は！」って、思える、そう言えるような役者になろうぜ。

生徒O　はい。頑張ります。

納谷　えーと、僕の中で、Oさんの評価は結構高いです。今日聞いた中では一番完成度が高いと言っても過言ではない。いや、この中で1番になっても何の意味もないんですけど。あのね、Oさんが今うちの事務所にジュニアで入ってきたとしたら、2週に1本くらいの仕事だったら回せると思います。ただ、僕も大塚さんと同じで「だけど……」がついちゃうんですよ。大塚さんが先に聞いてくれたけど、僕も実は、「あなたA研究所さん出身?」って聞くつもりでした。

A研究所さんを否定する気はまったくないんですよ。あそこは大変正しい指導をしている学校なので。ただ、その正しい指導にその人の持ち味ががっちり嵌まらないと、若干かわいそうなことになるんですよね。

あそこってかなり大手の声優学校じゃないですか。ということは、声優予備軍にも、あそこを出た人が一番多いんです。それってどういうことかわかりますか?　同じ理論で育った、同じように演じる人がいっぱいいるってことなんです。要は、相当な武器を持っていないと一番埋もれやすくもある。「A研究所っぽいな」って、僕、一発でわかります。業界人の多くはわかると思う。

A研究所さんの指導法はとても優れています。あそこは、「ある水準の声や演技の勘を持っている人間がこれくらいの訓練をこの順番で行えば、このぐらい高いレベルまでは確実に行くよね」っていう内容のプログラムを、どんな声を持っている人にも教えるというやり方なんです。これは母集団が何万人もいるからできることなんですよ。それだけいれば、このプログラムが嵌まる子は絶対にいるから。それでスターをどんどん輩出できるのが、A研究所さんの強みなんです。

ただOさんの場合はね、僕が思うに、A研究所さんの指導が求めているのに近しい声質を持ってはいるんだけど、ドンピシャではありません。だから「A研究所さんっぽいな」という印象にとどまってしまう。仕事も2週に1本くらいかなっていう予想。現場で最低限怒られないというか、突っ返されないレベルまでは完成しているので、だからこそ、そこから「これが私だよ」っていう何かを出していけないと埋もれちゃうかなって思います。

大塚 君みたいな人が勝ち残るために何が必要かっていったら、習ったことをぜんぶ忘れることだよ。それは、今までのことが無駄だったたって意味じゃないよ。君が習ってきたことは、技術として身についている。それは勝手に体が覚えているからいいんだ。

納谷　そうですね。無駄じゃない。

大塚　あとは、そういうふうに演らなきゃっていうのを忘れて、自分で感じた意味を心から演じることができたら、もう一歩先に出られる。馬群に沈むって言い方はしたけど、一着にならなきゃいけない競争をしているわけじゃないんだから、あんまりそれは気にせずに。って、色々厳しく言いすぎて、とうとう泣かせてしまったな。

生徒O　いえ、ありがとうございます。

大塚　うん、最後の最後で涙だったけれど、これで今日の塾は終わりだね。

最後の生徒が涙を拭くのを見ながら、大塚が寸評会の閉幕宣言をする。緊迫した空気が少しずつほどけていく——。

しかしその時、思ってもいなかったことが起きた。いつの間にか外に出ていた編集者が、一人の女性を連れて部屋に戻ってきたのである。編集者が、納谷に何事か説明する。

納谷　あのう、大塚さん。この方、今日の塾の選考には落ちちゃったんだけど、どうしても見てもらいたいんですって……。

生徒P　どうしても参加したくて、ダメもとで神奈川から新幹線で来ました。さっき、徳島に着いたんです。

大塚　え、神奈川から新幹線で来たの!?

生徒P　はい!

納谷　課題は用意してあるんだよね。来ちゃったもんは仕方ないから、とにかく聞いてみましょうか。

最後の最後に突如現れた飛び入りの参加者。予想外の展開に、生徒たちは戸惑いの表情を浮かべている。しかし彼女の録音が流れ出すと、彼らの戸惑いは驚きに変わった。

生徒P　27歳の女性。神奈川県在住。

——生徒Pの音声、2分56秒再生

大塚　……売れるか売れないかについては責任持てないが、即戦力レベルだな。間違った方向に一個も行ってない。といってもアニメ限定だけどね。

納谷　いや、まったく同意見です。うちのジュニアの中に突っ込んだとしても、一番上とまでは言いませんが、一番とそんなに遜色（そんしょく）ないレベルではあるかなと。

大塚　うん。で、君どうする？

生徒P　どうする……？

大塚　神奈川から東京に引っ越す？

生徒P　あ、えっと、近いうちに！

大塚　通えるか、神奈川なら。

納谷　神奈川なら通えばいいんじゃないですかね。金沢だったら流石に引っ越せばと思いますけど。

大塚　うん。最後の最後にびっくりしたな、これは。

納谷　これはどう持っていけばいいんですかね、この、今日の講演を盛り上げるために仕込んだような展開は（苦笑）。

大塚　アニメ限定だけど、あなたはプロとして現実的に仕事してる人の中に入っていっても、そんなに引けは取らないはずだよ。ちなみにあなたはいくつ？

生徒P　27歳です。もう未来がないです。アニメの仕事も今更来ないんじゃないかと思って。

大塚　（頷いて）そうだね、困ったね。

納谷　そうですなあ。

生徒P　ナレーターをやったほうがいいのかなあって。

大塚　まあ、これだけできるのであれば、ナレーションもすぐにできるようになるだろうね。ナレーションにもやり方がいろいろあってね、語り手として立体的に語っていくのとか、純粋に情報を伝えることに専念して、映像の邪魔にならないようにしゃべっていくタイプとかいろいろあるよ。君はその二つでいったら……いや、まあどっちもいけそうだな。

ただし、ナレーションをやりたいならうちの事務所じゃないほうがいいかもしれないけど。

納谷　僕もそう思います。……正直に言いますね。あなたが23歳だったら、僕はたぶん「うち来る？」ってこの場で言っています。

生徒P　ええーっ。ちょっと年齢偽って入れませんか⁉

生徒　（笑い）

納谷　それは難しいんですけども。このくらいのレベルまで仕上がっている人を僕たちが見る場合、あとは完全に「売れるか売れないか」っていう判断になるんです。あなたなら、きっとまあまあ仕事は取れますよ、それなりにね。ただ、あなたが未来永劫(えいごう)役者をやっていこうと考えていて、いい役とか当たり役を引っ張りたいのであれば、それはもういわゆるメインキャラクター、主役どころに突っ込まなければならないんです。そう考えた場合、ナレーターという道はありません。

最初から今日の塾に参加していた人たちは覚えていますよね。声優業界はツリー構造です。二つの山を同時に登ることはできない。だから、あなたが演じることをしたくてうちにくるのであれば、間違いなくアニメをやらなければならないでしょう。あなたの演技の質的にはアニメしかない。

でもね、そうなると一気に山の角度が険しくなる。難易度がむちゃくちゃ上がります。だって27歳だから。残酷なようだけど、日本ではやはり、年齢は若い程有利です。そうすると、声優として年齢がいっているぶん、ライバルと同点じゃ勝てない。ここにあなたは何が足せるのっていう話になってくる。

お芝居をさらに今以上に足すとか、経験値として上手くなるとかいうのは当たり前のことで、もうひとつ何か要るんです。でも、無理やり個性を出そうとしたら、たぶん全部ぶち壊れると思うので、それはできない。だったらとてつもない特技があるとか、そういうのが必要ですね……しかも仕事に直結しそうな何か。

大塚　モンハンが上手いとか。

生徒たち　（笑い）

納谷　いや、でも本当にそういう話です。そういうとっかかりがあれば、そこから引っ掛けてって「この子面白いじゃん」って思わせることができる。逆に言うと、そういうフックがないと売りようがありません。ずっとモブでいいですって言うのなら、それはそれでまたやりようはありますけどね。ただ、それじゃどうやったって長くは続かないので。人間、というか役者さんをやりたい人っていうのはそれが続くと飽きちゃうんで……。そうなると、責任が持てないから「じゃあウチくる？」とは言いづらいんですよ。

大塚　でも望みは出たね。

生徒P　本当ですか!?

納谷　そうですね。ナレーターっていう道はまず、ひとつあると思います。あとは、数は少ないと思うけど、小さくてもきちんと仕事の取れる事務所さんに所属すれば推してもらえるかも。うちは人数がかなり多いから難しいけど、他にコマがないような事務所なら、失礼な言い方だけどいの一番に売ってくれると思う。ただ、事務所が小さいってことはそれだけ影響力がないってことだから、全体のチャンス数はどうしても減るんだけどね。

大塚　実際に仕事を自分でしたことはある？

生徒P　ないです。実は私もA研究所生で、今3年目なんです。横浜校です。そっちのオーディションでは全然引っかからなくて、ダメなんですけど。

納谷　A研究所っぽさが薄いからかもしれませんねえ。う―ん、27歳か、難しい……。

生徒P　微妙な年頃なんです。

大塚　そうだね。でも、27歳の今まで一生懸命やってきたから今のレベルになっているわけで、それはやっぱり聞く人が聞けば、わかることだから。27までに運命を呼べなかったってことが、あんまりツイてなかったっていうことでもあるけど。
でも何かの形で、それこそナレーターとしてやっていこうという意識があるのであれば、テレビ番組の最後にナレーターさんが所属してる何とか事務所って書いてあるのを調べたり、色々できるじゃない。今ならネットで調べりゃ一発でわかるんだから。いいんじゃない、自信持ちなよ。うちに来るかどうかは別として、ちゃんと認めてもらえるんだってことと、アニメが無理でも行ける場所はあるとわかった。それだけでも、徳島まで来た甲斐(かい)はあったんじゃない？

生徒P　はいっ、ありがとうございます！

声優生存戦略コラム③

映像言語を学ぼう!

演技に関しては大塚さんが『声優魂』で書いた通りです。

基本的には、二つの要素しか存在しないと思っています。文章を理解し、キャラクターが何をしたいかを、キャッチする力。もう一つが、これも大塚さんの言葉を借りるなら、声を楽器として使う力です。

後者は基本的に反復練習しかありません。発声だったり滑舌だったり。毎日毎日、飽きても毎日やる。それだけです。

前者も基本的には同じ。一文字でも多く本を読んで、いろんな経験をして感情の因数分解をしていくことが重要です。そういう地道な努力にプラスして、キャッチする力を鍛えようと僕が昔やっていたいいトレーニングがひとつあるので、ここではそれをお伝えしたいと思います。


まだ駆け出しだったころ、僕はよく、音を消してアニメや映画を観ていました。そうして、「ああ、多分ここから音楽入れてる」とか、「ここで、一番大事なセリフを言ってる」なんてことを、イメージするわけです。

クイズみたいなものですね。一通り音を消して観たあと、今度は音を入れて観て答え合わせをします。もちろん、合っていたり間違っていたりします。そしたら、次にじゃあこのセリフはここで言っているんだろうとかこの音楽はなんでここから入るんだろうなんてことを考える。決して楽しい作業ではないのですが、効果はあると思います。

これをやることで、作り手がやりたいことが言語のように理解できるようになります。僕が勝手に「映像言語」と呼んでいるものです。

よくある演出で解説しましょう。

カット1が地球のアップ。カット2が日本のアップ。カット3が、東京のアップ。カット4が吉祥寺の町。カット5が学校で、カット6が通学路。

この流れで来たとき、通学路でかぶってくる生徒1の「おはよー」というガヤはどんな芝居であるべきか。映像言語がわかると、これが正確につかめるようになります。このパターンの場合、映像的に何が言いたいか。ベタベタ演出なんですけど、これを映像言語で訳すと、「ここは地球の日本の東京の、ある町の学校の通学路である。そして、朝だ」ということになります。要するに、状況説明ですね。

つまり、ここで入る「おはよー」は、「今時間は、朝だよー」と言いたいだけ。これ以上の情報は要りません。でも下手な人は、ここで頑張ってしまう。変にいい声で、「おはよう」と言ってしまったりして。「イケメンがたくさん通う学校である」という描写が1カット入っていればそちらが正解になりますが、今回はそうではありません。


Aパートが会話で、Bパートが戦闘シーンといったメリハリのある作品の場合、それぞれ演技の仕方を変えないといけませんが、これも映像言語を学ぶとよくわかります。

例えば、Aパートの方は会話ということもあり、1カット1カットが長くなっていたとする。同じ絵がずーっと続くわけですから、まず目が飽きてきますね。そうすると人間の集中力は、耳の方に移ります。それを計算してカットが切られているわけですね。こういうときは、丁寧にわかりやすく、芝居をつけないといけません。

逆にBパートの方は、勢いが大事です。台本通りのセリフがはっきり言えているかはある意味二の次。多少滑舌が悪かろうが、よれていようが、極端な話ではありますが、勢いよく、かっこよく、リズムよく言えてさえいればＯＫです。

カメラ割りからわかることもあります。例えばすごく広い部屋を、わざと遠景から撮って、キャラクターが真ん中にぽつんといるようなシーン。部屋の広さを表現したいケースもありますが、大概の場合は、独りでいてさみしいとか、悲しいというのを表現したいわけです。

こうして演出の意図を読み取れるようになると、その場での「正解」を瞬時に判断できるようになるので、演出側から使いやすい役者であると認識してもらえるようになります。あるレベルまでは、こうした「方程式」が通用します。大塚さんは、「そんなんじゃ馬群に沈むぞ」と言うかもしれませんが、まずは馬群に入らないとどうしようもありません。

勘のいい方はお気づきかもしれませんが、この「映像言語」に正解はありません。僕が読みとった意図と、実際に演出した人たちの意図が全く噛み合わない可能性もあります。でも僕は、「それでもやろう」と言います。

自分の中での正解を論理的に組み立てることで、思い切って演技ができるからです。ここで弱い論理しか組み立てられないと、「合ってるかな……」と及び腰の演技になってしまいます。そういうブレーキのかかった演技に「ダメ、もう1回」と言われると大変です。論理立てた自分の演技プランが間違っていたのか、表現し切れていないことがダメなのかがわからなくなってしまいます。

こうなると迷宮入り。どこで間違えたのかがわからないから、プランは合っているのに、そこに自信が持てないから違うプランに行ってしまったりして……そうするともう、帰って来ることはできません。

少なくともこうして綿密な演技プランを立てていくことで、びくびくしながらやってしまったがゆえの不正解というのはなくなりますし、「なぜこの演技なのか」を明快に説明することができるので、いざとなったら演出サイドと同じ土俵で議論をすることができます。

「気持ちでやるな」というのも、よく言いますね。

「そのキャラクターの気持ちを深く掘り下げるのが大事」なんてよく言われるのですが、

これは一段階上の人への指導方法だと思います。

その理屈で言えば、僕が女子高生の気持ちになりきってその気持ちでしゃべったものと、若い女性声優が適当に「お腹すいたなー」、「今日のご飯なんだろう」とか思いながらしゃべった言葉を比較すると、僕のしゃべっている言葉のほうが女子高生らしく聞こえるということになってしまいます。そんなことは、あり得ません。

同じレベルの技術を持った、型としての「女子高生」がきちんとできてる人同士の戦いなら、よりキャラクターの気持ちになりきった人が勝つとは思います。


しかし、どんなに深掘りしようとも、そもそもの型ができていない人には意味がありません。「そのキャラクターの気持ちを深く掘り下げるのが大事」は、かなりレベルの高い、段階が上の人に向けたアドバイスです。新人さんに言うと、逆に混乱させてしまいます。なので僕は、最初は「キャラクターの気持ちとかどうでもいいから」と教えます。みんな面くらいますが、ここまで読んでくれたあなたなら、きっとわかってくださるのではないでしょうか。

四限目

夢中で進み、自問せよ

長い講義がついに終わりを迎える。始まったときには15人だった生徒数が、最後には16人になった。16対の目が、大塚と納谷に向けられている。疲労、安堵、高揚感、軽い傷心……さまざまな想いが込められた視線の中、二人が最後の話を始める。

納谷　なんと、始めてからもう3時間を優に超えているんですよ。流石にそろそろ締める頃合いですね。最後、総評と、これからもこの道を目指していくみなさんにメッセージというか、叱咤激励を大塚さんにしていただければと思います。

大塚　基本的に役者なんぞは、好きじゃなけりゃ務まらない。でも、『声優魂』でも書いたように、そして今日何度も繰り返したように、好きだって気持ちだけで務まるもんでもないんです。向いているやつと向いていないやつは明らかに分かれる。そして、向いていないやつが根性で続けようとしている姿ぐらい、傍から見ていて気の毒なものはない。本人は楽しいって本当に思ってるのかなあ、ならいいんだけどどって感じになっちゃうから。

若いうちにがむしゃらにやるのは大変結構なことです。でもね、どこかで一度、自分とよく相談してみる時間があってもいいんじゃないかな。

今日来ている人のほとんどは、10代～20代前半だろう。後半の人も今いたけど。例えば30になったときに、自分とよく問答してみて、そこで撤退するのも勇気だ。あるいは、もうこの道は諦めようと思って、近所の塗装屋に就職して、ニッカボッカ着て働いて、でもふとやっぱり演じることがしたいなと思って、市民劇団に入ってお芝居をやる道っていうのもアリなんです。

その道ならば、必ずしもスターにならなくてもいい。美空ひばりさんが言うような、スターとしての業を背負いながら舞台に立つんじゃなくて、まっとうに働いて家庭を築き、幸せになる道を歩きながらお芝居をすることだってできるんだ。それだって尊い人生だよ。自分が本当に、日常のいろんなことを犠牲にしても役者としての険しい道を進みたいのかどうか、折に触れて考えてみてほしいね。まあ、私なんかは、美空ひばりさんほど稼いでいないのに、なぜかその手の業だけは背負ってしまっているような、不思議な身の上なんですが。

いや、でも、自分は幸せです。こうやって、目を輝かせた若者がたくさん自分の話を聴きに来てくれるなんてことは、普通に暮らしていたらないだろうと思う。そのことを、私は心から嬉しく思っています。

みなさんに伝えておきたいのは、とにかく、自分が何によって幸せになれるのか、何をしている時に楽しくなれるのかを把握していてほしいということです。そこさえ把握していれば、自分の選んだ選択肢に文句をつける気にはならないはずだ。たとえどういう道を歩むとしても。

本気本気って言ってきたけどさ。今日何かに対して本気でも、明日になったらどうでもよくなってる、なんてことも人生いくらでもあるんだよ。そしてそれはそれで別に、悪いことじゃないんです。まあ、もしかしたらそこで後悔するかもしれない。でも、冷たいようだけど、そこでくよくよするのは君たちであって私じゃない。自分のケツは自分で持つ。これが何より大事だと私は思っている。

自分の生き方について回る問題を、人のせいにしてはいけないんだ。人のせいにしないで生きていれば、その人の背中には風格が出てきます。男も女も関係なく、風格のある、大きな背中になれる。風格が出てきたからってなんなのと言われたら困るんですがね。でも、自分の責任において人生の道筋を選んでさえいれば、自然とみな、行くべき道を歩むし、収まるところに収まる。それこそが、自分のケツは自分で持つということです。そこさえわかってくれれば、あとは私から言うことは何もないよ。

とりあえず、今は夢中になれることに取り組んでほしい。やるときは夢中でやって、よし、30までにどうにもならなかったらいっぺん考えようって、そういう形でやっていくのがいいんじゃないかな。それでも「楽しい」って思えれば続くよ。

生徒　はいっ！

大塚　売れるかどうかは知らないがね。

生徒　（笑い）

大塚　君も、よく笑えるようになったしな。

生徒M　ありがとうございます（笑）。

納谷　じゃ、この辺りで、今回の講義は終了ということで。

大塚　ありがとう。またな。

生徒一同　ありがとうございました！

　大塚と納谷が立ち上がると、誰の指示も待たず、生徒たちも立ち上がった。出口に向かう二人に向かって、自然と拍手が送られる。万雷とは言えない、わずか16人による拍手。しかしそのひとつひとつには、熱烈な感謝がこもっていた。その拍手を背に、二人は部屋を出て、廊下を進む。編集者もそのあとを追う。

　生徒たちはは夢想する。もしかしたら、この会場からプロ声優が出るかもしれないと。いや、私がそうなるのだと。だが彼らは知らない。会場を出た二人が、こんな会話を繰り広げていたことを。

大塚　今日来てた子たち、どう思う。

納谷　プロになれる子、いや、〝なる〟子はいないんじゃないですかね……。いい線いっていた子もいましたけど、「本気」でこの業界にしがみついてはこないだろうと感じましたよ。大塚さんはどう思いました？

大塚　全員駄目だろうな。

納谷　わかってた上で、あんなに本気で指導をつけたんですね。

大塚　それはお互い様だよ。

納谷　ま、そうですね。でもやってよかったと思ってますよ。お互いに、得るものはたくさんあったと思うから。今日のあの子たちの中から、マウスプロモーションに本気で連絡を入れてくるような人が出たら、僕はまたしっかり向き合うつもりです。

大塚　いないだろうな。技術、才能、時代、運……あらゆるものを見据えて、それでも現実の一歩を踏み出すってのは、難しいことなんだ。

納谷　そうですね……。いや、でももしかしたら……。

翌日、マチ★アソビのイベントを大いに盛り上げたあと、二人は帰った。東京にある、それぞれの持ち場へ。果てしなく続く、演者の世界という戦場へ。

声優塾に参加した受講生たちも、それぞれの日常に帰った。彼らのその後については誰も知らない。諦めたか、ひっそりとそれぞれの修業を続けているのか、声優事務所や養成所にアプローチを始めたか――。

納谷によれば、その後ひとりの参加者がマウスプロモーションの門を叩いたという。彼女が路傍の石で終わるかはたまたきら星となるかは、まだ誰にもわからない。

「本気である」とは、如何なることか？
今回の講義、およびこの本の出版を通して、このことを改めて考えました。

人生において、本気になった、もしくは、本気になったつもりでいるということは皆さん一度や二度はあるのではないでしょうか？

就職、受験、恋愛……もしかしたら、趣味や娯楽かもしれない

その結果はどうなりましたか？

想像ですが、上手くいったという方が多いのではないでしょうか？

「あんなに頑張ったから、上手くいった」
あるいは、
「あそこでもうひと頑張りしなかったから上手くいかなかった」

そんな風に思っていませんか？
つまり、「本気である」＝「成功する」と思っていないでしょうか？

僕はこの意見を、真向から否定します。

それは、上手くいかなかった時のいいわけを「本気」に押し付けているだけです。
失敗した時の記憶は、「本気でなかった」と記憶から消しているだけではないですか？
要は、「本気でやれば上手くいったのに」と言いたいんじゃないですか？

僕は皆さんに聞きたいです、
「本気」とは、そんな成功したか失敗したかで揺らいでしまうような軽いものなのでしょうか？　と。

僕は、「本気」とはもっと美しいものだと思います。
成否にかかわらず、一つのことに懸命に真摯に向き合い、一途に努力すること。
それは大変美しい行為です。

ですが、先ほど言った通り、「本気である」＝「成功する」ではありません。
本気でも成功しない人がいます。本気でなくとも成功する人がいます。
僕たちのいる声優業界というのはそういう世界です。

そして、皆さんの求めているものは「成功」です。それは、当たり前の事。
ならば、「本気」には価値なんてないのかもしれないですね。

でも、あえて言います。
僕が一緒に仕事がしたいのは、「成功」した人じゃない、「本気」の人です。
僕だけでなく、そう思う人間がこの世界には少なくとももう一人はいます。

大塚明夫です。

僕は大塚明夫が大好きです。それは誰より本気の人だから……。

この業界には、僕や大塚さんのような考え方の人だけではないです。
「成功」が好きな人もいると思います。
それはそれで、もちろん大切なこと。
否定する気なんてありません。

ただ、「本気」なんて価値はないけど、美しいものを好きだというおバカさんが、もっと増えたらいいなと思います。
これは、僕の……そして、おそらく大塚明夫の本心です。
願わくば、たくさんの「成功」した「本気」のおバカさんに会えることを夢見て、
この本のまとめとしたいと思います。
では、どこかのスタジオでまたお会いしましょう。
未来のおバカさんたちに幸あれ！

マウスプロモーション代表取締役　納谷僚介

本文中に掲載されております「課題文」は、至道流星『世界創造株式会社』（星海社）から引用させていただいたものです。この場を借りて、御礼申し上げます。

音声のQRコードが
読み込めなかった方は、
下記のURLから
アクセスしてください。

生徒A https://youtu.be/L5NinpKKoM4

生徒B https://youtu.be/97-F7ovCHkE

生徒C https://youtu.be/4jk0FS-uCpg

生徒D https://youtu.be/auvXMJAVw48

生徒E https://youtu.be/WqlyGf-aRKQ

生徒F https://youtu.be/fN8wCa-H4Qc

生徒G https://youtu.be/XlPVn0t6CKE

生徒H https://youtu.be/ZPT7WKOqtzQ

生徒I https://youtu.be/DgUrtAuzM3U

生徒J https://youtu.be/eikNQPeqQZo

生徒K https://youtu.be/o2KX3Jy8TLM

生徒L https://youtu.be/lwtJ6gmLEvU

生徒M https://youtu.be/c_W0i5JVGZQ

生徒N https://youtu.be/Sefz5AJ9pjc

生徒O https://youtu.be/y_lq_vVs1Yl

生徒P https://youtu.be/ewhPJP-VisE

大塚明夫の声優塾

二〇一六年 六 月二三日 第 一 刷発行

著者 大塚明夫

発行者 藤崎隆・太田克史
編集担当 今井雄紀
編集副担当 太田克史
編集協力 小池未樹

発行所 株式会社星海社
〒一一二-〇〇一三
東京都文京区音羽一-一七-一四 音羽YKビル四階
電話 〇三-六九〇二-一七三〇
FAX 〇三-六九〇二-一七三一
http://www.seikaisha.co.jp/

発売元 株式会社講談社
〒一一二-八〇〇一
東京都文京区音羽二-一二-二一
(販売) 〇三-五三九五-五八一七
(業務) 〇三-五三九五-三六一五

印刷所 凸版印刷株式会社
製本所 株式会社国宝社

アートディレクター 吉岡秀典(セプテンバーカウボーイ)
デザイナー 榎本美香
フォントディレクター 紺野慎一
校閲 鷗来堂

ISBN978-4-06-138589-4
Printed in Japan

83
SEIKAISHA SHINSHO

次世代による次世代のための

武器としての教養

星海社新書

星海社新書は、困難な時代にあっても前向きに自分の人生を切り開いていこうとする次世代の人間に向けて、ここに創刊いたします。本の力を思いきり信じて、**みなさんと一緒に新しい時代の新しい価値観を創っていきたい。若い力で、世界を変えていきたいのです。**

本には、その力があります。読者であるあなたが、そこから何かを読み取り、それを自らの血肉にすることができれば、一冊の本の存在によって、あなたの人生は一瞬にして変わってしまうでしょう。**思考が変われば行動が変わり、行動が変われば生き方が変わります。**著者をはじめ、本作りに関わる多くの人の想いがそのまま形となった、文化的遺伝子としての本には、大げさではなく、それだけの力が宿っていると思うのです。

沈下していく地盤の上で、他のみんなと一緒に身動きが取れないまま、大きな穴へと落ちていくのか？　**それとも、重力に逆らって立ち上がり、前を向いて最前線で戦っていくことを選ぶのか？**

星海社新書の目的は、**戦うことを選んだ次世代の仲間たちに「武器としての教養」をくばることです。**知的好奇心を満たすだけでなく、自らの力で未来を切り開いていくための〝武器〟としても使える知のかたちを、シリーズとしてまとめていきたいと思います。

2011年9月

星海社新書初代編集長　柿内芳文